고교학점제를 완성하는 진로 로드맵
경영·빅데이터계열

고교학점제를 완성하는 진로 로드맵
경영·빅데이터계열

펴낸날 2023년 3월 20일 1판 1쇄

지은이 정유희·최인선·서영진
펴낸이 김영선
편집주간 이교숙
책임교정 나지원
교정·교열 이라야
경영지원 최은정
디자인 박유진·현애정
마케팅 신용천

펴낸곳 (주)다빈치하우스-미디어숲
주소 경기도 고양시 일산서구 고양대로632번길 60, 207호
전화 (02) 323-7234
팩스 (02) 323-0253
홈페이지 www.mfbook.co.kr
이메일 dhhard@naver.com (원고투고)
출판등록번호 제 2-2767호

값 17,800원
ISBN 979-11-5874-183-9 (44370)

고교학점제를 완성하는 진로 로드맵

정유희 · 최인선
서영진 지음

경영
빅데이터
계열

미디어숲

추천사

　고교학점제가 시작되면서 고등학교를 진학하기도 전에 많은 학생들이 진로에 대한 고민을 하고 있습니다. 하지만 어렴풋이 진로를 결정하더라도 고등학교 생활을 어떻게 해야 할지 막막한 경우가 많습니다. 지금 대학에서는 학과별, 계열별에 따라 적합한 교과 선택과 다양한 활동들을 한 학생들을 원하고 있습니다. 이렇게 선발된 학생들은 대학 생활이나 사회 생활에 적극성을 가지고 활동하고 있습니다. 그래서 이 도서는 아직 진로 설계가 명확하지 않은 학생, 다양한 심화 활동을 하고 싶은 학생들에게 추천합니다. 구체적인 진로 로드맵 구성과 다양한 세특 사례 및 탐구보고서 주제까지 이 책 한 권으로 충분한 길라잡이가 될 것입니다.

경상국립대 물리학과 정완상 교수

　〈진로 로드맵 시리즈〉는 구체적인 정보를 제공하여 입시 전문가들과 학부모들이 찾아보는 필독서가 되었다. 이번 시리즈 또한 계열에 관한 최신 정보를 소개하며 학생부 로드맵을 통해 많은 세특 자료와 탐구보고서 주제를 제공하여 자신의 진로를 이룰 수 있도록 도움을 제공하는 지도서가 될 것이다. 이 분야를 지원하는 학생들과 학부모, 그리고 진로, 진학 컨설턴트들에게 꼭 추천할 만한 책이다.

서정대, 한국전문대학교육협의회 국제협력실장 조훈 교수

『고교학점제로 완성하는 진로 로드맵』 시리즈는 지금까지 진로·진학·탐구보고서까지 다양한 책을 집필한 저자들이 고교학점제 시행으로 변화된 진로 로드맵 구성을 선보이고 있다. 이 책은 각 학과별로 관심 있는 주제를 시작으로 진로 로드맵과 세특, 추천도서와 탐구주제까지 다양하게 구성되어 있어 학생들이 어떤 활동을 하면 좋을지 확인할 수 있다. 또한 심화 탐구 주제를 찾고 싶은 학생들을 위해 학과별 키워드와 논문, 최근 동향까지 파악할 수 있어 시사적인 내용을 공부하기에도 좋다. 따라서 중·고등 학생들은 꼭 읽어보고 진로활동을 설계하면 많은 도움이 될 것이다.

영산대학교 사회복지학 정찬효 겸임교수

고교학점제가 시작되면서 대입을 위해 학생들의 과목 선택이 더욱 중요해졌을 뿐만 아니라 과목에 따라서 어떤 심화 탐구활동을 하느냐가 중요하게 되었습니다. 하지만 학생이나 학부모가 접할 수 있는 정보가 부족한 것도 사실입니다. 이러한 시기에 선택과목, 추천 도서, 심화 탐구주제 등을 자세히 소개해 주는 이 책은 학생들이 대입을 준비하는 데 큰 도움이 될 것입니다.

영남고 진로교육부장 김두용 교사

믿고 보는 진로 로드맵 시리즈는 꼭 필요한 것들만 쏙쏙 모아둔 정보 맛집과도 같은 반가운 도서입니다. 이번 책은 다가올 고교학점제 대비뿐만 아니라 트렌디한 미래기술과 역량까지 반영이 되어 있어 학생들 지도에 많은 도움이 될 도서입니다. 특히, 합격한 학생들의 진로 로드맵과 세특 사례, 탐구보고서 주제까지 제공하여 학생들이 나만의 진로 로드맵을 작성하는 데 길라잡이가 될 것입니다.

거창고 진로교육부장 손평화 교사

많은 진로·진학·입시와 관련된 도서들이 출간되어 시중에 나와 있지만 『고교학점제로 완성하는 진로 로드맵』 시리즈의 경우는 다른 도서들과 다르게 최근 트렌드에 맞게 학생들이 원하는 부분 분야로 잘 구성되어 있다. 최근 변화되고 있는 사회적 경향과 시사적인 내용들까지 포함하고 있어 학생들이 자신의 진로에 맞는 시대적 흐름을 읽을 수 있다. 또한 현장에서 제일 힘든 부분이 심화 활동 지도인데 다양한 심화 탐구 주제가 있어 학생들이 조금만 응용한다면 심화 보고서까지 쓸 수 있을 것이다. 자신만의 진로 플랜이 필요한 학생들은 꼭 이 책을 읽고 진로의 방향에 맞는 다양한 활동을 하면서 진로 관련 스펙을 만들어 대학 합격의 기쁨을 누렸으면 한다.

고성고등학교 생명과학 정재훈 교사

학교 현장에서 다양한 진로를 가진 학생들을 만납니다. 적극적으로 자신의 진로 설계를 하는 학생도 있지만 진로를 결정 못해 어려워하는 학생도 있습니다. 이 책은 두 학생 모두에게 권하고 싶은 책입니다. 진로가 결정되어 있는 학생에게는 탐구보고서 주제를 찾기 위한 학과 키워드와 교과별로 정리되어 있는 탐구보고서 주제를 활용하면 좋을 것 같습니다. 아직 진로가 결정되어 있지 않은 학생들이 이 책을 읽으면서 어떤 학과들이 있는지, 어떤 연구들이 진행되는지 확인하고 자신에게 맞는 진로를 결정해도 좋을 것 같습니다. 이 책은 진로에 대한 고민으로 힘들어하는 학생, 학부모, 교사 등 모든 이들에게 나침반 역할을 하기에 추천합니다.

김해분성고등학교 진로교육부장 정명희 교사

『나는 탐구보고서로 대학 간다』 책으로 진로 로드맵 저자들과 인연이 시작되었습니다. 앞서 출간된 많은 진로진학 도서나 칼럼으로 이미 다양한 정보를 제공받아 현장에서 많은 도움을 받고 있습니다. 이번 『고교학점제로 완성하는 진로 로드맵』 시리즈 또한 진로 로드맵 설계부터 심화 탐구보고서 주제까지 다양하게 구성되어 있어 고교학점제를 준비하는 학생들에게 큰 도움이 될 것 같습니다. 이 시리즈는 진로에 고민이 있는 학생들, 심화 활동을 하고 싶은 학생들, 진로지도를 하고 계시는 선생님, 중·고등학생을 둔 학부모님들까지 모든 분께 도움이 되는 책이라고 생각합니다.

대전괴정고등학교 진로교육부장 이정아 교사

이 책은 어떤 성향의 학생이 그 계열에 적합한지를 알려주며 고등학교 기간 동안 자율활동, 동아리활동, 진로활동에서 무엇을 어떻게 해야 하는지 세부적으로 안내하고 있다. 또한 각 계열에서 읽으면 좋을 추천도서와 탐구주제를 제시하여 학생들이 탐구활동을 하는 데 안내자료로 활용할 수 있다. 이는 학생들이 어떻게 활용하느냐에 따라 황금알을 낳는 거위가 될 것이다. 또한 진로를 위해 무엇을 할지 모르는 학생들은 이 책에서 제시하는 대로 따라가다 보면 자신의 진로 로드맵을 세울 수 있게 되고 그것이 합격의 비결이 될 것이다.

전 가톨릭대학교 교육대학원 겸임교수, 전 서울 청원고등학교 배상기 교사

학생부종합전형에서 더욱 중요해진 학업 역량 기반의 진로 설계 로드맵은 현재 고교재학생들과 향후 2025년에 전면 도입되는 고교학점제 시행을 앞둔 시점에서 중등부 학부모님들에게도 매우 중요한 관심사로 보입니다. 특히 자소서 폐지와 학생부 기재 간소화로 학생부종합전형을 준비하는 학생들의 관심 학과별 비교과 창체활동과 이를 연계한 학년별 교과이수 및 풍부한 교과세특 예시들과 탐구주제 및 추천도서들은 대입 입시에 길잡이가 될 것이라고 확신합니다.

두각학원 입시전략연구소장 전용준

프롤로그

고교학점제, 어떤 과목을 선택하면 유리하고 무엇을 준비하면 좋을까?

　전 세계 국가들의 이행 목표를 점검한 첫 국제행사에서 ESG(환경·사회·지배구조) 경영시대의 키워드로 넷제로(Net-Zero)와 기후행동이 주목을 받았다. 우리나라는 2050 탄소중립과 2030 국가 온실가스 감축 목표 이행을 위해 2022년 3월 25일부터 '기후 위기 대응을 위한 탄소중립 녹색성장 기본법'(약칭 탄소중립 기본법)을 시행하고 있다.

　환율(원화 약세), 물가, 금리가 모두 상승하는 3고 현상 지속으로 경제 불확실성이 확대되었으며, 우크라이나-러시아 전쟁 등에 따른 유가 및 원자재 가격 상승, 물가상승, 주택가격 하락 현상까지 나타나고 있고, 강도 높은 긴축정책으로 소비와 투자 모두 위축되고 있는 상황이다.

　세계적인 기업들이 살아남기 위해 새로운 트렌드를 파악하고 이를 해결할 수 있는 인재를 채용하려고 하고 있다. 이를 준비하기 위해서는 학교에서 익혔던 지식을 검증하고 비교하면서 탐구하고, 토론 및 발표활동을 통해 알게 된 지식을 세부능력 특기사항에 기록하는 것이 중요하다. 합격한 선배들의 진로로드맵과 세특, 탐구보고서 등을 참고하면 〈나만의 진로로드맵〉을 작성하는 것이 큰 도움이 될 것이다.

'2015 개정 고등학교 교육과정'은 자신의 진로와 흥미에 맞는 과목을 선택할 수 있도록 진로선택 과목과 전문교과 과목을 세분화하여 다양한 기회를 제공하고 있다. 그런데 성취기준이 명확하지 않아 심층적인 이해를 위한 새로운 교육과정이 필요하게 되었다.

이에 따라 이 책은 '2022 개정 교육과정'을 통해 교과 내용의 양과 난이도를 적정화하였으며, 하나의 지식을 깊이 탐구하고 심층적으로 이해할 수 있도록 구성했다. 학생들의 진로에 대한 폭넓은 이해를 돕고자 〈계열별 진로로드맵〉 시리즈를 구성했고, 보다 전문적인 내용과 학과별 사례를 보고 싶다는 독자들의 요청에 따라 이를 깊이있게 반영하여 집필했다.

빅데이터를 기반으로 한 인공지능은 더욱 빠르게 발전하여 경영과 경제 분야에서 어떤 변화가 일어날지, 보다 정밀하게 분석하여 정책을 수행하도록 도와준다. 많은 데이터를 보유하고 이를 활용하는 아마존, 구글, 네이버 등의 기업은 어려운 시기에도 다양한 사업을 확장하고 있다. 이는 빅데이터가 혁신과 경쟁력을 가져다준다는 것을 증명하는 것이다.

기업이 빠르게 변화하는 시대를 따라잡기 위해 '인공지능과 디지털 기술을 활용하여 새로운 아이디어를 생각하는 창의적인 인재'를 선발하는 것처럼 대학에서도 이런 인재를 원하고 있다. 이를 위해서 『고교학점제 완성을 위한 경영·빅데이터계열 진로 로드맵』은 관련된 탐구활동을 하면서 구체적인 진로를 탐색할 수 있도록 구성되었다.

계열별 진로 로드맵은 "합격자 선배들의 진로 로드맵과 세특", "추천도서와 탐구 주제 찾기", "핵심 키워드로 알아보는 학과", "학과에서 수강하는 대표 과목", "계열별 선택과목" 등을 살펴보면서 〈나만의 진로 로드맵〉을 작성할 수 있도록 돕는다. 또한 고교학점제에서 어떤 과목을 수강하면 좋을지, 관련 계열의 최근 시사를 엿보면서 세부적인 계획을 세우고 실천할 수 있도록 구성했다.

- 공학·미디어계열 진로 로드맵
- 의대·약대·바이오계열 진로 로드맵
- 교대·사범대계열 진로 로드맵
- 경영·빅데이터계열 진로 로드맵

고교학점제를 완성하는 진로 로드맵 4가지 시리즈는 학생들이 선택한 진로를 구체화하고 심층탐구 주제를 찾을 수 있도록 다양한 정보를 제공하였다. 따라서 학생들이 각 계열별 진로를 결정하는 데 도움을 줄 것으로 기대한다. 이 책을 통해 많은 학생이 어려움 없이 자신이 원하는 꿈에 이를 수 있기를 바란다.

저자 **정유희, 최인선, 서영진**

차례

추천사

프롤로그

 PART 1

경영·경제학계열 진로 로드맵

어떤 성향이 이 계열에 잘 맞을까? _020

선배들의 진로 로드맵 엿보기 _023

경영학 진로 로드맵 _023
    경영학 합격자 선배들의 진로 로드맵과 세특 _023
    경영학계열 추천도서와 탐구 주제 찾기 _030
    핵심 키워드로 알아보는 경영학 _031
    경영학에서 수강하는 대표 과목 _033

경제학 진로 로드맵 _034
    경제학 합격자 선배들의 진로 로드맵과 세특 _034
    경제학계열 추천도서와 탐구 주제 찾기 _040
    핵심 키워드로 알아보는 경제학 _042
    경제학에서 수강하는 대표 과목 _044

농경제학 진로 로드맵 _045
    농경제학 합격자 선배들의 진로 로드맵과 세특 _045
    농경제학계열 추천도서와 탐구 주제 찾기 _052
    핵심 키워드로 알아보는 농경제학 _053
    농경제학에서 수강하는 대표 과목 _055

통계·빅데이터학계열 진로 로드맵

어떤 성향이 이 계열에 잘 맞을까? _058

선배들의 진로 로드맵 엿보기 _062

통계학 진로 로드맵 _062

통계학 합격자 선배들의 진로 로드맵과 세특 _062

통계학계열 추천도서와 탐구 주제 찾기 _068

핵심 키워드로 알아보는 통계학 _069

통계학에서 수강하는 대표 과목 _071

빅데이터학 진로 로드맵 _072

빅데이터학 합격자 선배들의 진로 로드맵과 세특 _072

빅데이터학계열 추천도서와 탐구 주제 찾기 _078

핵심 키워드로 알아보는 빅데이터학 _079

빅데이터학에서 수강하는 대표 과목 _081

산업데이터사이언스학 진로 로드맵 _082

산업데이터사이언스학 합격자 선배들의 진로 로드맵과 세특 _082

산업데이터사이언스학계열 추천도서와 탐구 주제 찾기 _087

핵심 키워드로 알아보는 산업데이터사이언스학 _088

산업데이터사이언스학에서 수강하는 대표 과목 _090

PART 3 회계 및 세무학계열 진로 로드맵

어떤 성향이 이 계열에 잘 맞을까? _094

선배들의 진로 로드맵 엿보기 _097

회계학 진로 로드맵 _097
회계학 합격자 선배들의 진로 로드맵과 세특 _097
회계학계열 추천도서와 탐구 주제 찾기 _103
핵심 키워드로 알아보는 회계학 _104
회계학에서 수강하는 대표 과목 _106

세무학 진로 로드맵 _107
세무학 합격자 선배들의 진로 로드맵과 세특 _107
세무학계열 추천도서와 탐구 주제 찾기 _111
핵심 키워드로 알아보는 세무학 _112
세무학에서 수강하는 대표 과목 _114

보험학 진로 로드맵 _115
보험학 합격자 선배들의 진로 로드맵과 세특 _115
보험학계열 추천도서와 탐구 주제 찾기 _121
핵심 키워드로 알아보는 보험학 _122
보험학에서 수강하는 대표 과목 _124

금융수학 진로 로드맵 _125
금융수학 합격자 선배들의 진로 로드맵과 세특 _125
금융수학계열 추천도서와 탐구 주제 찾기 _130
핵심 키워드로 알아보는 금융수학 _131
금융수학에서 수강하는 대표 과목 _133

PART 4 무역 및 통상학계열 진로 로드맵

어떤 성향이 이 계열에 잘 맞을까? _136

선배들의 진로 로드맵 엿보기 _140

국제통상학 진로 로드맵 _140
국제통상학 합격자 선배들의 진로 로드맵과 세특 _140
국제통상학계열 추천도서와 탐구 주제 찾기 _145
핵심 키워드로 알아보는 국제통상학 _146
국제통상학에서 수강하는 대표 과목 _148

무역학 진로 로드맵 _149
무역학 합격자 선배들의 진로 로드맵과 세특 _149
무역학계열 추천도서와 탐구 주제 찾기 _156
핵심 키워드로 알아보는 무역학 _157
무역학에서 수강하는 대표 과목 _159

물류행정학 진로 로드맵 _160
물류행정학 합격자 선배들의 진로 로드맵과 세특 _160
물류행정학계열 추천도서와 탐구 주제 찾기 _164
핵심 키워드로 알아보는 물류행정학 _166
물류행정학에서 수강하는 대표 과목 _167

비즈니스학 진로 로드맵 _168
비즈니스학 합격자 선배들의 진로 로드맵과 세특 _168
비즈니스학계열 추천도서와 탐구 주제 찾기 _174
핵심 키워드로 알아보는 비즈니스학 _176
비즈니스학에서 수강하는 대표 과목 _177

부록 고교학점제 들여다보기 _179

PART
1

경영·경제학계열
진로 로드맵

어떤 성향이
이 계열에 잘 맞을까?

인문계열 학과 중에서도 해당 계열은 인문계열의 꽃이라고 불린다. 그만큼 인문계열 학과를 지망하는 학생들에게 해당 학과는 가장 선호하는 계열이다. 해당 계열을 지망하는 학생들 대부분은 마케팅에 관심을 두고 해당 계열을 희망하고 있다.

'경영'이란, 특정한 목적을 달성하기 위해 구성된 조직을 관리하고 운영하는 일을 말한다. 이는 단순히 기업에만 적용되는 것이 아니라 목표를 두고 구성된 조직 내에서 성취를 위해 활동하게 되는 법칙을 밝혀내고, 목적에 맞게 적용시키는 학문이다. 그렇기 때문에 마케팅만이 아니라 인사 및 조직관리, 생산 관리, 재무 및 회계, 정보의 관리, 금융 및 법률 등의 다양한 지식을 습득해야 한다.

'경제'는 경영과 더불어 사회현상을 이해하고 이에 대한 적절한 방향성을 잡는 학문이다. 특히 경제학은 현실을 이해하는 데 있어 체계적인 학문을 배우는 것이 목적이다. 우리가 마주하고 있는 국내외적인 문제의 기반에는 항상 경제적 계산이 깔려있다. 거시적으로는 국가의 경제 전체의 문제를 다룰 수 있고, 미시적으로는 가계와 개인의 경제 문제를 다루는 것이 그것이다. 경제학은 그 원인을 파악하고 이에 대한 해법을 객관적인 수치를 통해 제시한다.

해당 계열을 지망한다면 빠르고 정확한 수학적 계산력이 바탕을 이루어야 한다. 또한 사람들의 의식변화는 물론이고 시대의 흐름을 읽는 안목이 필요하다.

즉, 나무를 보기도 해야 하지만 숲을 보는 마인드가 있어야 한다. 평소에 시시각각 변하는 사회 환경과 구조에 관심을 가지고, 무엇보다 교육 과정에서 이를 연계하여 알아보고자 하는 탐구심을 더한다면 다양한 지식을 축적할 수 있을 것이다.

[경영·경제학계열 진로 로드맵]

구분	중등	고등1	고등2	고등3
자율 활동		학급 특색활동_기업분석 모둠활동		
		학급 특색활동_진로독서활동		
동아리 활동	경제신문읽기 - 토론동아리	경영경제 시사토론 동아리, 빅데이터 및 통계학 동아리		
진로 활동		경영경제 독서 및 전문가 인터뷰, 시사따라잡기_영상자료분석, 인문학 독서활동		
특기 활동	경제용어 이해하기	청소년 경제금융 이해력 - 틴매경TEST		

고등학교를 입학하기 전 다양한 책과 영상자료를 활용하여 자신에게 적합한 진로를 찾는 것이 무엇보다 중요하다. 중1부터 시작된 자유학기제와 중3 전환기 교육프로그램은 이를 적극 지원하고 있다. 학년 초마다 이루어지는 진로 적성검사를 가벼이 여기지 말고 자료를 누적하여 분석해보는 것을 추천한다.

진로가 결정되면 고교 진학 시 인문, 사회계열 중점학교 진학을 고려하는 것도 추천할 만하다. 단, 수학에 대한 부담이 덜하다는 이유로 해당 계열을 선택한다는 것은 금물이다. 사회계열은 다른 학과에 비해 다루는 수학의 범위가 넓고 실용적인 학문을 지향한다는 점에서 수학이 굉장히 중요하다. 특히, 경영 및 경제학과의 핵심 권장과목으로 확률과 통계, 미적분이 지정될 정도로 수학적 역량이 중요하다.

2025년 고교학점제가 시행되면 일반선택 및 진로선택과목은 A, B, C 성취도로 성적을 기입하기에 성적으로 학생을 평가하는 데 한계가 있다. 따라서 진로를 먼저 결정하고 경제, 경제수학, 국제경제 과목을 선택하면 관련된 지식뿐만 아니라 추가적인 활동을 기획하는 데에도 도움이 될 것이다. 구체적인 활동계획을 세우기 위해 진로 로드맵을 작성하면 어떤 활동에 중점을 두고 활동할 것인지 계획을 세우기 수월하다. 특히, 학기 중에 이뤄지는 여러 교내활동을 학교알리미를 통해 방학에 미리 당겨 준비하면, 시험 기간에 쏟아지는 각종 수행평가를 사전에 대비할 수 있어 정기고사에 보다 효율적인 시간 관리를 할 수 있을 것이다.

진로 로드맵에 자율활동, 동아리활동, 진로활동, 특기활동(독서, 개인별 세특 등)과 관련하여 구체적으로 어떤 활동을 할 것인지 내용을 기록한다면 시간을 효율적으로 활용할 수 있으며, 진로에 맞는 일관된 활동을 할 수 있다. 그러면 비교과에 집중하다 교과성적이 떨어지는 실수를 하지 않을 것이다. 또한 모든 과목선택을 진로와 연계하기보다는 다양한 활동을 시도해보길 추천한다. 경영·경제계열에서도 융합인재를 선호하는 만큼 다양한 분야에 관심을 가지고 탐구하면서 수학과 컴퓨터 기술을 활용하여 보다 전문적으로 탐구한다면 더 좋은 스토리를 만들 수 있을 것이다.

선배들의
진로 로드맵 엿보기

경영학 진로 로드맵

➜ 경영학 합격자 선배들의 진로 로드맵과 세특

ESG는 2004년 UN에서 주장한 이후 20여 년을 이어오고 있다. 그러다 2021년부터 급격하게 경영 트렌드로 부각되면서 여기저기서 ESG를 쉽게 볼 수 있게 되었다. 특히, 대기업을 중심으로 ESG위원회가 설립되어 여성 사외이사를 충원하거나 사회에 환원하는 일을 다양하게 실천하는 등의 변화가 늘고 있다.

전 세계 국가들의 이행 목표를 점검한 첫 국제행사에서 ESG(환경·사회·지배구조) 경영시대의 키워드로 넷제로(Net-Zero)와 기후행동이 주목을 받았다. 당시 발표된 국가별 기여방안(Nationally Determined Contributions: NDC)인 40% 감축목표에 맞춰 우리나라는 2050 탄소중립과 2030 국가 온실가스 감축목표 이행을 위해 2022년 3월 25일부터 '기후 위기 대응을 위한 탄소중립 녹색성장 기본법(약칭 탄소중립 기본법)'을 시행하고 있다.

한국의 경우 NDC 40% 감축목표라는 야심 찬 포부를 밝혔지만, Scope 3에 해당하는 간접적인 탄소배출 관리에 대한 세부목표와 실행안은 여전히 미흡한 것으로 평가받는다. 일정에 맞춰 탄소중립을 달성하려면 신재생에너지 비중을

70%로 높여야 한다. 대통령 직속의 2030 탄소중립위원회를 비롯하여 합동부처가 ESG 정책들을 개발하여 발표하고 있다.

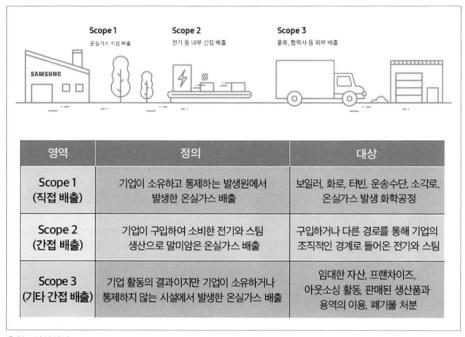

영역	정의	대상
Scope 1 (직접 배출)	기업이 소유하고 통제하는 발생원에서 발생한 온실가스 배출	보일러, 화로, 터빈, 운송수단, 소각로, 온실가스 발생 화학공정
Scope 2 (간접 배출)	기업이 구입하여 소비한 전기와 스팀 생산으로 말미암은 온실가스 배출	구입하거나 다른 경로를 통해 기업의 조직적인 경계로 들어온 전기와 스팀
Scope 3 (기타 간접 배출)	기업 활동의 결과이지만 기업이 소유하거나 통제하지 않는 시설에서 발생한 온실가스 배출	임대한 자산, 프랜차이즈, 아웃소싱 활동, 판매된 생산품과 용역의 이용, 폐기물 처분

출처 : 삼성전자

기업의 ESG 경영에 대한 혼란을 줄이고자 산업통상자원부는 K-ESG에 대한 가이드라인을, 환경부는 한국 녹색분류체계(K-Taxonomy)를 발표했다. 산업통상자원부, 해양수산부, 과학기술정보통신부, 교육부, 그리고 환경부는 친환경·디지털 및 인력투자 분야의 축적된 성과를 통해 기후변화체제를 위한 국가 대전환을 가속화하는 내용을 담은 '한국판 뉴딜, 탄소중립'을 주제로 2022년 업무계획을 합동으로 발표하며 탄소중립 이행 기반을 공고화하기 위한 핵심과제 5가지

를 공개하였다. 그 외 ESG 경영인프라 확충을 위해 9개 이상의 부처들이 2030
년까지의 로드맵을 통해 국가적 ESG 관리방안을 수립하고 있다.

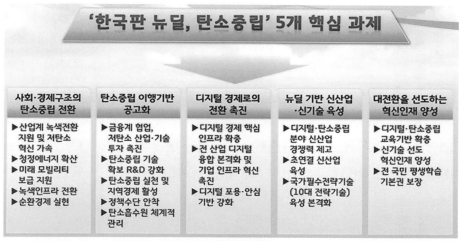

'한국판 뉴딜, 탄소중립' 5개 핵심 과제

사회·경제구조의 탄소중립 전환	탄소중립 이행기반 공고화	디지털 경제로의 전환 촉진	뉴딜 기반 신산업 ·신기술 육성	대전환을 선도하는 혁신인재 양성
▶산업계 녹색전환 지원 및 저탄소 혁신 가속 ▶청정에너지 확산 ▶미래 모빌리티 보급 지원 ▶녹색인프라 전환 ▶순환경제 실현	▶금융계 협업, 저탄소 산업·기술 투자 촉진 ▶탄소중립 기술 확보 R&D 강화 ▶탄소중립 실천 및 지역경제 활성 ▶정책수단 안착 ▶탄소흡수원 체계적 관리	▶디지털 경제 핵심 인프라 확충 ▶전 산업 디지털 융합 본격화 및 기업 인프라 혁신 촉진 ▶디지털 포용·안심 기반 강화	▶디지털·탄소중립 분야 신산업 경쟁력 제고 ▶초연결 신산업 육성 ▶국가필수전략기술 (10대 전략기술) 육성 본격화	▶디지털·탄소중립 교육기반 확충 ▶신기술 선도 혁신인재 양성 ▶전 국민 평생학습 기본권 보장

출처 : 환경부, 산업통상자원부, 해양수산부, 과학기술정보통신부, 교육부 합동발표(산업일보)

LG에너지솔루션은 전기차의 핵심부품인 배터리를 생산하는 회사로 전기
차가 친환경적인 가치를 담은 제품인 만큼, 소유하거나 임대하고 있는 차량
을 100% 친환경 차량으로 대체하는 EV100가입을 선언했다. 또한 제품의 원
재료부터 제조, 폐기까지 전 과정에 있어서 환경적인 영향을 분석해 관리하는
LCA(Life Cycle Assessment)를 도입해 운영하고 있다. LG에너지솔루션이 직접 배
터리를 제조하는 과정에서 전력을 절감하고 폐기물을 감축할 수 있는 기술을
개발해 적용하는 것은 물론, 소비자가 사용을 마치고 폐기하는 배터리를 재활
용하는 방법, 협력업체와 함께 온실가스를 감축하는 계획까지 포함한다. 특히,
리튬이온배터리의 원자재 중 코발트 채굴현장에서 아동노동 착취 문제가 있
었는데, 기업에서 공급받는 원자재의 인권문제까지 고려하여 책임 있는 공급

망을 운영하고 있다.

　아모레퍼시픽은 '대자연과의 공존'이라는 슬로건 하에 탄소를 적극적으로 감축하려고 한다. 2030년까지 국내외 모든 사업장의 전기를 100% 재생에너지로, 국내 물류 차량의 100%를 친환경차로 대체하고, 사업장 내부에서 발생하는 폐기물 또한 전량 재활용 자원화해 폐기물 '0'을 달성할 계획이다. 금속과 플라스틱의 복합 재질로 만들어져 재활용이 어려운 기존 펌프를 재활용이 가능한 플라스틱, 종이로 선보이고 있다. 제품의 개발, 생산, 유통, 소비, 폐기의 각 단계의 환경 영향까지 조사하여 탄소 배출량을 감축하는 등 협력업체와 함께 탄소 배출량 감축 방안을 마련하는 '그린 파트너십'을 지속하고 있다.

　이케아는 2020년까지 일회용 플라스틱 사용을 중단했으며 2030년까지는 모든 플라스틱 제품을 재활용 및 재생 가능한 플라스틱으로 대체할 계획이다. 에너지 절약과 온실가스 배출량 감축을 위해 전체 제품군을 백열전구에서 에너지 효율이 높은 LED 전구로 교체했다. 이케아에서 개발한 RYET(뤼에트) LED 전구는 기존의 백열전구보다 85%의 에너지를 절약할 수 있다. 전구에 이어 이케아는 100% 재활용 및 재생 가능한 플라스틱을 사용하는 캠페인을 진행 중이다. 전체 플라스틱 제품의 3분의 1이 원유와 같은 화석연료 대신 옥수수, 사탕무 등과 같은 천연재료에서 추출한 100% 재생 가능한 PLA 플라스틱이다. PLA 플라스틱의 예로 이스타드(ISTAD) 지퍼백이 있고, 해당 지퍼백에 사용된 플라스틱의 85%가 사탕수수에서 추출한 원료로 구성되어 있다.

[경영학 진로 로드맵]

구분	고등1	고등2	고등3
자율 활동	하루독서 2030 프로젝트 진로독서	자기주도학습 프로젝트 활동, 학생회 임원	산업구조변화에 따른 사회 트렌드 변화 탐구
동아리 활동	사회문제 탐구동아리	경영심화 탐구동아리	
	사회적 이슈를 다룬 경영기법으로 노이즈 마케팅 탐구, 올림픽 보이콧의 경제적 파급성 탐구	세계시민 교육활동, 인종차별로 인한 사회적 피해와 이를 개선하기 위한 기업의 마케팅 사례 분석	4차 산업혁명시대 기업의 경영전략을 분석하는 활동으로 '플랫폼 비즈니스의 전략과 성장'을 주제로 탐구, 기업 규모에 따른 산업시장 진입형태 분석
진로 활동	청소년 참여 경영활동, 미디어 콘텐츠를 활용한 마케팅 분야 탐구활동	금융과 정치학을 연결한 강연 참여 후 금융지식보고서 제작	기업가 정신 프로젝트 자본주의 모순 심화활동
특기 활동	글로벌 기업인 역량 강화 프로그램 참여, 원어민 교사와의 해외문화 탐색 활동	진로관련 독서를 통한 청소년을 위한 경제이야기 보고서 제작	사회적 불평등 이슈 프로젝트를 통한 양극화 해소 방안 탐구

[창의적 체험활동]

구분		창의적 체험활동상황
1 학 년	동아리 활동	사회적 이슈를 다룬 경영기법으로 **'노이즈 마케팅의 성공사례와 바이럴 마케팅과 버즈 마케팅의 차이'**에 대해 분석하여 발표함. 바이럴 마케팅과 버즈 마케팅을 구분하지 못하는 동아리원들을 위해 버즈마케팅의 사례로 '허니버터칩'을 예로 들어 입소문을 통한 소비자의 마음을 흔드는 저비용 고효율 마케팅 방법임을 알려줌. 베이징 올림픽 보이콧의 기사를 읽고, 이로 인해 미치는 경제적 파급효과를 알아보고자 탐구를 진행함. **'메가 스포츠 이벤트 마케팅과 경제적 파급효과'** 자료를 통해 경제적인 효과보다 중국 인권 탄압으로 인한 문제가 더 심각하다는 것을 강조하면서 올림픽 정신을 다시 한번 깨닫는 계기가 되었다고 함.

2학년	동아리 활동	세계시민 교육 활동을 통해 지속가능한 발전의 중요성을 인식하고, 이를 더 널리 알리고자 우리 주변에서 시행하고 있는 지속가능한 상품들을 소개함. 이런 제품을 사는 것부터 시작이 될 수 있다는 것을 알려주는 캠페인을 통해 학생들의 인식 변화를 이끄는 데 기여함. 인종차별로 인한 사회적 피해와 이를 개선하기 위한 기업의 마케팅 사례 분석 활동을 통해 MZ세대들은 사회적 메시지나 가치를 담은 물건을 구매하는 '**미닝아웃**' **소비**를 한다는 것을 알고, 기업이 이에 발맞춰 마케팅을 시행하고 있다는 것으로 분석함.
	진로 활동	금융과 정치학을 연결한 강연 참여 후 금융지식보고서를 제작함. 정치 권력이 금융에 어떤 영향을 주는지 자세히 알아보고자 '**한국을 뒤흔든 금융권력**' 도서를 읽고, 은행장이 누가 되는지에 따라 은행 주가에 영향을 주는 사례와 IMF외환위기 상황에서 정치 권력이 금융에 미치는 영향이 지배적이라는 것을 알게 되었다고 함. '**세계금융위기 이후 미중 통화금융 패권 경쟁과 통화전쟁**' 자료를 통해 금융위기를 극복하기 위해서는 외환시장 개입과 자본통제가 큰 역할을 하기에 정치 권력이 금융에 영향을 주는 것이 무조건 나쁜 것이 아님을 깨닫는 계기가 되었다고 함.
3학년	자율 활동	산업구조변화에 따른 사회 트렌드 변화를 탐구하면서 4차 산업혁명으로 금융 분야에도 핀테크 기술이 도입되어 은행을 방문하지 않고 다양한 업무를 수행할 뿐만 아니라 오프라인 매장이 없어 더 저렴한 비용으로 대출을 해주어 핀테크 기업으로 이직하는 금융인들이 많다는 것을 확인함. 이후 '**핀테크 기술의 산업동향 및 경제적 파급효과 분석**' 자료를 참고하여 앞으로의 금융 패러다임을 분석하는 시간을 가지고, 핀테크의 이점을 정리한 카드뉴스를 게시하여 학생들에게 정보를 제공하는 모습을 보임.
	동아리 활동	4차 산업혁명시대 기업의 경영전략을 분석하는 활동을 진행하면서 '**플랫폼 비즈니스의 전략과 성장**'을 주제로 플랫폼을 선점해야 플랫폼 생태계에서 다양한 사업을 진행할 수 있다는 것을 파악함. 그 사례로 아마존의 플라이휠을 조사하여 성장 순환구조를 소개하여 동아리원들을 이해시킴. 기업 규모에 따른 산업시장 진입형태 분석 활동에서 '**디지털 플랫폼의 활용이 중소기업의 국제화에 미치는 영향과 정책 시사점**' 보고서를 통해 디지털 플랫폼을 활용한 국제화는 전통적인 방식에 비해 해외시장 진입 비용을 크게 낮춰 국제화를 통해 이익을 극대화할 수 있다는 것을 확인함.

[교과 세특]

구분		세부내용 및 특기사항
1학년	중국어I	**'중국과 우리나라의 경제성장과 정책'**을 주제로 1992년 한중 수교 이후 지리적 인접성과 경제적 상호보완성, 문화적 유사성에 기초하여 비약적인 발전을 이룬 양국의 경제관계, 중국의 여러 가지 경제정책과 더불어 최근 이슈가 되고 있는 미중 무역갈등과 경제 둔화가 우리나라 기업 활동에 미치는 영향에 대해 객관적 자료를 제시하여 설명함. **중국의 꽌시문화를 조사**하여 국제적 경영활동에서 현지의 문화를 이해하기 위한 노력이 필요함을 주장함. 발음과 성조를 연습하여 일상의 간단한 대화문을 정확한 성조와 발음으로 구현함. 학생 대다수가 어려워하는 간체자로 그 용법과 어순에 맞게 정확한 문장을 작성할 수 있음.
2학년	독서	미래사회를 다룬 본문을 읽고, 모둠활동에서 토의 주제로 **'인공지능 로봇으로 인한 일자리 변화'**를 선정하여 사전에 자료를 꼼꼼하게 검토하고 준비하여 토의에 적극적으로 참여하는 모습을 보임. AI 로봇으로 인해 일자리의 감소보다는 질 좋은 일자리의 감소가 더 문제가 될 것이라는 준비 자료의 내용을 토대로 그 해결방안에 대해 타당성, 공정성, 객관성을 확보하여 논리적으로 의견을 제시함. 비판적 사고역량뿐만 아니라 새로운 의견을 제시하는 창의적 사고력을 갖춘 학생으로 **'전염병과 금융 위기'**를 읽고, 필자의 입장에 공감하며 경제적 위기가 매번 다른 양상으로 나타난다는 것의 심각성을 지적하는 글을 작성함.
	수학II	경제 과목에 미분과 연결된 개념이 많아 항상 이를 자신의 관심 분야와 연결해 생각하기를 즐기는 학생임. **'미분과 경제'**를 주제로 보고서를 작성하고 발표함. 경제학에서는 미분의 개념을 한계라는 용어로 표현하고, 한계효용, 한계생산, 한계수입에 미분이 적용됨을 소개함. 소비자의 효용 극대화, 생산자의 이윤 극대화를 함수의 극값을 이용하여 해결할 수 있고, 경제 분석에서 유용하게 이용되는 개념인 탄력성도 미분을 이용해 정의할 수 있음을 흥미롭게 설명함.
3학년	경제	금융에 대해 지적 호기심을 가지고 금융의 의미와 금융상품에 대해 탐구하여 보고서를 작성함. 금융의 개념과 주식, 채권, 펀드, 연금 등 다양한 금융상품의 종류와 특징을 분석하고, 각 금융상품의 실제 투자 사례를 구체적으로 조사하여 제시함. 책 **'돈의 속성'**을 읽으며 금융에 대한 우수한 이해도를 보여주었고, 이를 바탕으로 금융상품의 특성을 분석해 자신만의 금융상품 및 투자법을 고안함. NIE활동에서 시사 이슈를 기반으로 이를 요약하고 분석함. 정부 시책의 경제적 효과를 강조하여 이후에도 추가적인 개입을 통해 안정화를 지속하려는 정부의 역할에 깊이 탐구함.

[추천도서]

[탐구 주제 찾기]

과목	단원	탐구 주제
통합 사회	환경문제 해결을 위한 다양한 노력	환경경영이 기업가치에 미치는 영향 탐구
	산업화와 도시화에 따른 문제점 해결방안	컴퓨터 비전을 활용하여 도시 문제 사전 예방 탐구
	교통, 통신의 발달과 정보화에 따른 문제점과 해결방안	위성통신 개발의 경제적 가치 탐구
	인구문제와 해결방안	인구절벽시대에 따른 소비 트렌드 변화 탐구
	지속 가능한 발전을 위한 노력	ESG 경영으로 전환에 따른 성공 사례 탐구
과학	지구시스템의 에너지와 물질 순환	지열에너지를 활용한 농가 연료비 절감 탐구
	생물다양성과 보전	씨드 뱅크로 생물다양성 보전 가능성 탐구
	지구 환경변화와 인간생활	그린본드로 환경을 되살릴 수 있는지 탐구
	발전과 지구환경 및 에너지 문제	수소경제 이행에 따른 에너지 자립국가 가능 여부 탐구
수학	방정식과 부등식(여러 가지 방정식)	시장의 흐름에 따른 관심 제품의 원가와 정가의 관계 탐구
	도형의 방정식(도형의 이동)	SNS 홍보를 위한 폰트 디자인 연구
	집합과 명제(집합의 뜻과 포함관계)	백화점이나 대형마트의 품목에 따른 상품 분류 탐구
	경우의 수(경우의 수와 순열)	상품 바코드의 사용과 큐알코드 사용의 차이점 탐구 및 큐알코드 유용성 탐구

➔ 핵심 키워드로 알아보는 경영학

기업, 경영, 회계, 금융, 조직, 전략, 조세, 감사, 경영학, 생산, 시장, 원가, 재무회계, 투자, 마케팅, 소비자, 그룹, 자본, 통제, 표본

ⓐ DBpia에서 가장 많이 검색된 논문

　㉠ 제4차 산업혁명이 일자리에 미치는 영향. 한국경영학회

ⓒ 기업의 ESG 활동이 기업 이미지, 지각된 가격 공정성 및 소비자 반응에
미치는 영향. 한국경영학회

ⓒ "지속가능경영" 연구의 현황 및 발전방향: ESG 평가지표를 중심으로.
한국전략경영학회

ⓔ 비트코인의 이해 : 금융경제학적 관점에서. 한국경영학회

ⓜ 넷플릭스의 경쟁 전략: 네트워크 효과, 콘텐츠 재판매, 오리지널 콘텐츠
의 전략적 조합. 한국전략경영학회

ⓑ 시사를 활용한 탐구활동

출처 : 사이언스온(https://scienceon.kisti.re.kr/)

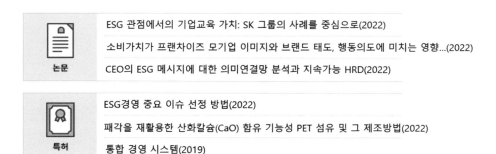

논문	ESG 관점에서의 기업교육 가치: SK 그룹의 사례를 중심으로(2022)
	소비가치가 프랜차이즈 모기업 이미지와 브랜드 태도, 행동의도에 미치는 영향...(2022)
	CEO의 ESG 메시지에 대한 의미연결망 분석과 지속가능 HRD(2022)

특허	ESG경영 중요 이슈 선정 방법(2022)
	패각을 재활용한 산화칼슘(CaO) 함유 기능성 PET 섬유 및 그 제조방법(2022)
	통합 경영 시스템(2019)

보고서	공유경제형 제품의 지속가능 디자인 방법론 연구 : 디자인 애널리틱스를 활용…(2022)
	ESG 관련 국내외 동향 및 환경정책에 미치는 영향(2021)
	4차 산업혁명에 따른 산업경제시스템의 변화와 성과 분석을…(2021)

동향	기후위기 대응을 위한 국제사회의 노력과 지속가능한 해법 이슈(2022)
	환경, 이제는 우리의 건강과 기업, 사회 구조까지 시사하다(2022)
	계속기업(Going concern)으로 ESG경영은 선택이 아닌 필수(2022)

출처 : 사이언스온(https://scienceon.kisti.re.kr/)

경영학에서 수강하는 대표 과목

[경영학과 대학에서 이수하는 교과]

교양필수	경영학원론, 경제학원론, 경영통계, 회계원리, 마케팅, 조직행동
전공필수 및 전공선택	MIS세미나, e-비즈니스시스템, 가치평가론, 경영시뮬레이션, 경영인턴십, 경영정보시스템, 경영통계학, 경영프로그래밍, 고객관계관리, 국제경영, 국제마케팅, 국제인적자원관리, 국제재무관리, 금융리스크관리, 금융파생상품론, 기업재무론, 데이터분석 및 경영, 마케팅원론, 마케팅전략, 마케팅조사론, 브랜드관리, 비즈니스 어널리틱스, 소비자행동론, 스마트커넥티드 비즈니스 실습, 신상품마케팅, 유가증권법, 유통관리론, 재무관리, 재무금융세미나, 재무제표분석, 전략경영론, 전략정보시스템, 전사적자원관리(ERP), 중소기업경영론, 증권시장의이해, 창업과비즈니스모델실습, 캡스톤디자인, 컨설팅방법론, 통화와 금융의 이해, 투자론, 품질경영, 회계원리, 회사법 등

[경영학과 진학에 도움이 되는 교과]

교과영역	교과(군)	공통과목	선택 과목	
			일반선택	진로선택
기초	국어	국어	화법과 작문, 독서, 문학, 언어와 매체	심화국어, 고전읽기

기초	수학	수학	수학I, 수학II, 미적분, 확률과 통계	기하, 경제수학, 인공지능 수학
기초	영어	영어	영어회화, 영어I, 영어II, 영어 독해와 작문	진로영어, 영어권문화
기초	한국사	한국사		
탐구	사회	통합사회	경제, 정치와법, 사회문화, 윤리와 사상	사회문제탐구, 사회과제연구, 고전과윤리
탐구	과학	통합과학 과학탐구 실험		과학과제연구, 과학사, 생활과 과학
생활교양	기술·가정		기술가정, 정보	인공지능 기초, 정보과학, 프로그래밍, 빅데이터분석
생활교양	교양		실용경제, 제2외국어I, 한문I, 철학, 심리학, 논리학	

※ 별색 : 핵심 권장 과목, 밑줄 : 배우면 좋을 과목

경제학 진로 로드맵

➡ 경제학 합격자 선배들의 진로 로드맵과 세특

현재 환율(원화 약세), 물가, 금리가 모두 상승하는 3고(高) 현상 지속으로 슬로우플레이션이나 스태그플레이션 늪에 빠지고 있으며, 당분간은 경제 불확실성이 확대될 것으로 예상된다. 공급망 불안, 우크라이나-러시아 전쟁으로 인한 유가 및 원자재 가격 상승으로 물가상승 압력이 높아지면서 기준금리 인상으로 한국경제는 고물가, 고금리 현상을 맞닥뜨렸다. 여기에 미국의 강도 높은 긴축정책 등으로 고환율(원화 약세)까지 겹치면서 삼중고 현상을 맞이하여 주택가격이 크게 하락하고 있다. 따라서 고물가, 고금리, 고환율(원화 약세)의 동시 발생으로 인한 소비, 투자 위축, 경상수지 악화 등이 경제성장률 하락 요인으로 작용하였다.

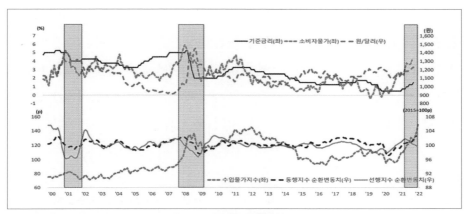

출처 : 원/달러, 기준금리, 소비자물가 추이와 경기지표(한국은행, 통계청)

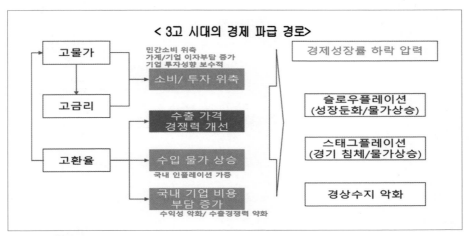

출처 : 현대경제연구원

　　최근 소득수준별로 체감경기에 대한 격차가 확대되는 가운데, 민생경제 위험 요인이 취약계층에 집중되어 향후 가계부문의 양극화 현상이 더욱 심화될 전망 이다. 고소득층은 생활 형편에 대해 양호한 전망을 유지하였으나 저소득층은 개선이 되지 않고 있다. 특히, 저소득층 가구는 고소득층에 비해 가처분소득의 증가세가 부진하여 실제 소득의 회복 속도에도 격차가 심해지고 있다. 또한, 향후 민생경제는 높은 생활물가 상승세, 금리 인상 기조 지속에 따른 이자비용 증가 등 위험요인이 확대될 것으로 전망하고 있다. 이에 필수 생계비 지출 비중이 높고 이자상환 부담이 큰 저소득층과 자영업자 등 취약계층에 피해가 집중될 것으로 예상되어 가계부문 양극화 현상이 더욱 심화될 것으로 우려된다.

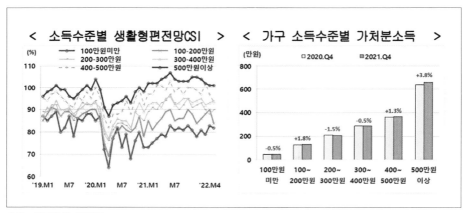

출처 : 한국은행, 통계청

저소득층은 필수 생계비 비중이 크게 확대된 가운데, 생활물가도 높은 상승세를 지속하여 삶의 질 측면에서 양극화가 확대될 것으로 전망되고 있다. 소득 5분위(상위 20%)는 코로나-19 위기 이후에도 다변화된 소비구조를 유지하여 오락·문화와 같은 여가 소비지출 품목의 비중이 6.2%를 차지할 정도이다. 그러나 소득 1분위(하위 20%)의 경우 전체 소비지출 중 59.8%가 필수 지출품목에 집중되어 저소득층의 체감경기가 더욱 위축되었다. 저소득층, 자영업자 가구는 이자 부담이 타 가구에 비해 큰 상황으로, 금리 상승에 따른 이자비용 증가로 체감경기가 더욱 악화될 것이다. 저소득층(하위 20%)과 자영업자 가구는 가처분소득

대비 이자비용 비중과 원리금 상환액 비중이 높아 타 가구 대비 상환 부담이 큰 상황이다.

		이자비용 /가처분소득	원리금상환액 /가처분소득
소득수준	저소득층 (하위 20%)	9.5%	45.2%
	중소득층	5.6%	34.0%
	고소득층 (상위 20%)	4.8%	28.5%
종사상지위	상용직	4.8%	30.5%
	임시일용직	4.6%	22.4%
	자영업자	6.8%	39.6%

출처 : 가계동향조사, 가계금융복지조사(통계청)

[경제학 진로 로드맵]

구분	고등1	고등2	고등3
자율 활동	교내 특색활동 경제학과 체험 활동, 사회교과 멘토활동	교내특색활동 '신기술과 경제의 융합을 통한 진로탐색', 맞춤형 토론활동에서 '정부의 복지정책과 경제효과' 분석	이슈탐구활동-폭우침수 대비방안을 통한 경제적 효과 탐구 보고서 제출
동아리 활동	사회과학문제 탐구반		
	동아리부장, 비정규직 활용 문제 탐구, 소득양극화 해법 탐구	긴급재난지원금 정책의 효과, 기본소득 찬반 토론 활동	OTT 무한경쟁 시장에서 새로운 업체가 난립하는 원인 탐구
진로 활동	'애덤 스미스'의 활동과 업적조사	스타트업 기획활동, 경제 독서, 신문 구독	교내 진로디자인 활동에서 '최저임금의 실효성'을 경제학 이론과 연관지어 탐구

특기 활동	생각하는 십대를 위한 토론콘서트 -사회 부문 이슈토론의 모둠장	교육과정 박람회 사회탐구 도우미	난민 유입이 최저임금과 경제에 미치는 영향을 이중차분법으로 분석

[창의적 체험활동]

구분		창의적 체험활동상황
1 학 년	동아리 활동	동아리부장으로 다양한 사회문제에 관심을 가지고 동아리원들과 주제를 선정하여 탐구 토론을 진행함. 비정규직을 활용하는 문제에 관심을 가지고 **'노동시장의 유연성'**이라는 주제로 탐구함. 비정규직 고용의 효율적인 측면을 조사하면서 비용 절감과 유연성 향 상, 법적 규제에서 책임을 회피할 수 있어 긍정적인 효과가 있지만, 동일 직무를 수행하 면 동일 임금을 주지 않아 안 좋은 인식을 가지고 있다고 외국의 사례를 들어 발표함. **소득양극화가 심화되고 있어 이를 효과적으로 해결할 수 있는 방안**에 관심을 가지고 탐 구함. 소득주도 성장으로 최저임금을 상승하고 기본소득을 도입하여 차등적인 지급을 통해 소득을 늘려 양극화를 줄일 수 있다는 것을 외국의 사례를 소개하며 근거를 뒷받 침하는 주장을 함.
2 학 년	자율 활동	교내특색활동 **'신기술과 경제의 융합을 통한 진로탐색'** 활동으로 디지털 뉴딜 정책을 통 해 새로운 일자리를 창출하고, 비대면 경제로 전환하여 저비용으로 새로운 언택트 플랫 폼을 구축할 수 있어 많은 장점과 발전가능성을 소개하면서 인공지능을 추가로 공부하 겠다는 포부를 밝힘. 맞춤형 토론활동에서 **'정부의 복지정책과 경제효과 분석'**을 주제로 **'정부의 복지지출이 경제부문별 소득분배에 미치는 효과 분석'** 자료를 바탕으로 한국경제의 소득창출 및 소득분배 과정을 보여주는 사회회계행렬(SAM)을 작성함. 정부의 복지지출이 경제부 문별 명목소득 증대에 미치는 경제적 파급효과를 분석하여 발표함.
	동아리 활동	긴급재난지원금 정책의 효과에 관심을 가지고 신용카드를 활용해 빠른 지원이 가능하 여 민간소비가 전기 대비 1.5% 증가한 효과를 얻었다는 근거를 제시함. 또한 현급수급 가구의 소비 진작효과에도 관심을 가지고 조사해보니 소비로 93.7%, 저축으로 3.8% 순으로 재난지원금을 사용하여 소비를 진작하는 데 효과가 높았다고 발표함. **기본소득 찬반토론 활동**에서 학생 150명을 대상으로 설문을 실시함. 97명이 응답을 하 였으며, 62%가 찬성하며 기본소득을 지원하는 것이 좋다는 결과를 얻음. 잘 모르는 학 생들을 이해시키기 위해 관련 자료를 조사하여 학생들의 인식을 개선하는 데 노력함. 이후 학생들을 대상으로 추가 설문을 진행하여 20% 향상된 결과를 얻게 되었다고 보 고서를 제출함.

3 학 년	동아리 활동	OTT 무한경쟁 시장에서 새로운 업체가 난립하는 이유가 궁금하여 원인을 탐구함. 기존 가입자의 콘텐츠 플랫폼에서 구독 시간이 늘어나 다양한 사업으로 확장할 수 있어 새로운 업체가 난립하고 있다고 분석함. 특히, 한류 열풍에 의해 한국에서 새로운 영상을 제작하여 세계의 다양한 가입자를 확보할 수 있어 성장을 극대화할 수 있기에 레드오션 속에서도 새로운 길이 있다고 분석함. 또한 ICT를 접목하여 버추얼 스튜디오를 통해 더 적은 비용과 짧은 시간에 많은 콘텐츠를 제작할 수 있어 성장 잠재력이 있다고 발표함.
	진로 활동	교내 진로디자인 활동에서 **'최저임금의 실효성'**을 경제학 이론과 연관지어 탐구함. 크루거(Card and Krueger)에 의한 실증연구를 비롯해 다수의 연구들을 근거로 들어 최저임금 인상이 고용 감소에 별다른 영향을 미치지 않는다고 주장함. 최저임금 정책으로 인한 임금인상이 빈곤 탈출뿐만 아니라 근로 빈곤 완화 효과가 있다는 사례를 들어 주장을 강화함.

[교과 세특]

구분		세부내용 및 특기사항
1 학 년	영어	북유럽의 체제인 사회 민주주의와 그 사회 민주주의를 채택한 덴마크에 대해 조사한 후 이를 바탕으로 **사회 민주주의의 높은 세율에 대한 장단점**에 대해 의견을 펼치고 자신의 진로인 경제학자가 되기 위해 어떤 노력을 해야 할지에 대한 글을 영어로 쓰고 학생들 앞에서 발표함. 경제 관련 영어기사를 찾아 읽고, 구문과 어휘를 정리하는 등 관심 진로 기사를 찾아 읽으면서 영어 독해력과 발표력까지 향상시키는 데 기여함.
2 학 년	세계 지리	세계 에너지 소비량을 나타낸 지도를 기반으로 석탄, 석유, 천연가스, 원자력, 수력의 비중이 가장 높은 국가들을 찾아보고, 국가별로 세계 1차 에너지 소비가 다르게 나타나는 이유를 추론하여 발표함. 또한 중국의 1인당 에너지 소비량이 미국과 비슷해질 경우 환경, 에너지 수급의 측면에서 예상되는 문제점으로 자원 고갈이 앞당겨지고 환경오염물질 및 온실기체 배출량이 크게 증가하여 환경문제와 지구온난화를 심화시킬 가능성이 높아진다는 자신의 견해를 경제학적 측면에서 논리적으로 서술한 보고서를 작성함.
	경제	코로나가 시작된 후 현재까지 기준금리를 0.50%로 유지하며 수출과 투자 부분에서 기대 이상의 회복세를 보이고 있다고 분석함. 금리 인하로 최근 대출을 통한 부동산, 가상화폐 투자 등이 나타나고 있어 금리를 어느 정도 인상해야 한다고 주장함. 코로나 이후 변화된 주식시장에서 코스피와 코스닥 중 어느 곳에 투자하는 것이 더 높은 수익률을 기대할 수 있는지 탐구하기 위해 계획을 수립한 후 내용을 정리하여 발표함.

3학년	생활과 윤리	프로테스탄티즘 윤리가 자본주의 발전의 원동력이 되었다는 막스 베버의 주장을 학습함. 이에 종교가 어떻게 자본주의 발달에 기여할 수 있었는가에 궁금증을 가져 '**베버의 프로테스탄티즘의 윤리와 자본주의 정신**'이라는 책을 읽고 탐구하는 활동을 이어감. 탐구활동을 통해 프로테스탄트들의 종교적 정신인 근면 성실이 베버가 제시하는 자본주의의 정신과 비슷했기 때문에 그들이 신성하게 여기는 노동이 영리 추구와 결합할 수 있었고, 금욕적 절약 정신이 자본을 형성하는 데 도움을 주어 **프로테스탄티즘 윤리가 자본주의 발전에 직결**될 수 있었음을 확인함.
	사회문제 탐구	'**인간은 항상 합리적인가**'를 주제로 탐구계획을 수립한 후 보고서로 작성하여 발표함. 질적 연구방법을 사용하여 연구계획을 수립하고 관련자와의 심층면접을 통해 수준 높은 자료를 수집하여 분석함. 소비 패턴에서의 합리적, 비합리적 선택을 기반으로 동급생 설문조사를 통해 학생이 세운 가설이 맞는지 확인함. 비합리적인 선택을 하는 요인에 대해 추가로 조사하여 인간은 자신의 한도에서 가능한 대안을 탐색하여 이를 수치화하고 가장 합리적인 선택을 한다고 전제하는 경제학의 이론은 다시 한번 검토되어야 한다는 주장을 펼침.

🔵 경제학계열 추천도서와 탐구 주제 찾기

[추천도서]

[탐구 주제 찾기]

과목	단원	탐구 주제
통합 사회	환경문제 해결을 위한 다양한 노력	플라즈마 열분해 기술의 경제적 가치 탐구
	산업화와 도시화에 따른 문제점 해결방안	스마트 도시 사업의 경제적 가치 탐구
	교통, 통신의 발달과 정보화에 따른 문제점과 해결방안	상상이 현실이 되는 6G통신의 경제적 가치 탐구
	인구문제와 해결방안	자녀장려금 지원이 출산율에 미치는 영향 탐구
	지속 가능한 발전을 위한 노력	탄소세 도입이 한국경제에 미치는 영향 탐구
과학	지구시스템의 에너지와 물질 순환	태양광발전이 에너지 자립에 미치는 영향 탐구
	생물다양성과 보전	생물다양성 확보로 인한 경제적 효과 탐구
	지구 환경변화와 인간생활	중국 그린본드로 인한 영향성 평가 탐구
	발전과 지구환경 및 에너지 문제	핵융합발전 이행에 따른 에너지 자립국가 가능 여부 탐구
수학	방정식과 부등식(여러가지 방정식)	KOSIS 국가통계를 활용한 엥겔지수, 지니계수, 슈바베지수 탐구
	경우의 수(경우의 수와 순열)	제품의 종류와 진열 위치에 따른 소비자 구매 욕구 탐구

수학	함수(여러가지함수)	쿠즈네츠 곡선을 활용한 소득 불평등 탐구
	함수(여러가지함수)	지니계수를 이용한 경제 불평등 탐구 및 지니계수 변화 탐구
	함수(유리함수와 무리함수)	데이터 사용량에 따른 휴대폰 요금제 탐구

➡ 핵심 키워드로 알아보는 경제학

경제, 경제학, 시장, 실증, 무역, 미시, 서비스, 경제성장, 소득, 매트, 금융, 배분, 국제, 정책, 기업, 화폐, 분배, 공평, 거시, 자원, 데이터, 재정학, 통계학, 리스크

ⓐ DBpia에서 가장 많이 검색된 논문

㉠ 넷플릭스 미디어 구조와 이용자 경험 : 행동경제학 관점에서 본 이용자와의 관계 맺기. KBS공영미디어연구소

㉡ 비트코인의 이해 : 금융경제학적 관점에서. 한국경영학회

㉢ 인공지능에 관한 비판적 스케치. 경상대학교 사회과학연구원

㉣ 기본소득제 – 정의, 쟁점, 전망. GS&J 인스티튜트

㉤ 이성과 감정 : 인간의 판단과정에 대한 뇌과학과 생물학적 접근. 한국언론학회

ⓑ 시사를 활용한 탐구활동

경제학	금융경제학	ESG경제
자원이 제한된 상황에서 사람이 어떻게 행동하는지 연구하는 사회과학의 한 분야	금융에 관련된 내용을 다루는 경제학의 세부 분야	ESG(환경,사회책임,거버넌스) 연구와 평가를 통해 기업을 지원하고, 한국경제의 지속가능한 성장을 모색

출처 : 사이언스온(https://scienceon.kisti.re.kr/)

 논문	혁신산업 기업에 대한 정책금융 지원 필요성에 관한 이론 분석(2022)
	기업 간 시장지배력의 양극화 확대와 이에 따른 통화정책 효과의 이질성 분석(2022)
	기본소득의 경제학: 기본소득과 노동공급의 관계에 대한 문헌 연구를 중심으로(2020)
 특허	경제학 그래프를 작성하는 방법 및 장치(2019)
	전망이론 기반형 동적 지형분석에서의 NPC 의사결정 모델링방법(2016)
	경제학 이론을 이용한 LEO 위성 통신 범위 제어 방법, 이를 수행하기 위한 기록...(2020)
 보고서	미국의 CCUS 기술과 정책(2022)
	유럽의 순환경제와 탄소중립 정책 현황(2022)
	재무경제학에서 시간적으로 변하는 제약조건 하에서의 확률론적 최적 제어(2022)
 동향	아프리카는 화석 연료 식민주의의 시대를 넘어서야 한다(2022)
	세상을 바꾼 17가지 방정식(2022)
	침팬지의 경제학적 결정(2021)

출처 : 사이언스온(https://scienceon.kisti.re.kr/)

➜ 경제학에서 수강하는 대표 과목

[경제학과 대학에서 이수하는 교과]

교양필수	경제학원론, 경제학개론, 경제수학, 미시경제, 거시경제, 계량경제, 경제사
전공필수 및 전공선택	거시경제이론, 경제발전론, 경제변동성장론, 경제실무인턴십I, 경제원론, 경제의통계분석, 경제정책, 경제정책과 프로그램 효과의 실증분석, 계량경제학, 국제금융론, 동태적거시경제학연구, 미시경제이론, 법경제학, 사회경제학, 서양경제사, 시사경제, 시장경제의이해, 시장설계이론과실제, 재무경제학, 재정학, 전략과정보의경제학, 정보의비대칭성과유인설계, 정치경제학개론, 조세론, 한국거시경제분석, 한국경제론, 한국의경제발전전략:성공과실패, 한국현대경제사, 화폐금융론, 화폐금융세미나, 환경경제학 등

[경제학과 진학에 도움이 되는 교과]

교과영역	교과(군)	공통과목	선택 과목	
			일반선택	진로선택
기초	국어	국어	화법과 작문, 독서, 문학, 언어와 매체	심화국어, 고전읽기
	수학	수학	수학 I, 수학 II, 미적분, 확률과 통계	기하, 경제수학, 인공지능 수학
	영어	영어	영어회화, 영어 I, 영어 II, 영어 독해와 작문	진로영어, 영어권문화
	한국사	한국사		
탐구	사회	통합사회	경제, 정치와법, 사회문화, 윤리와 사상	사회문제탐구, 사회과제 연구, 고전과윤리
	과학	통합과학 과학탐구 실험		과학과제탐구, 과학사, 생활과 과학
생활 교양	기술·가정		기술가정, 정보	인공지능 기초, 정보과학, 프로그래밍, 빅데이터분석
	교양		실용경제, 제2외국어I, 철학, 심리학, 논리학	

※ 별색 : 핵심 권장 과목, 밑줄 : 배우면 좋을 과목

→ 농경제학 합격자 선배들의 진로 로드맵과 세특

미·중 갈등과 WTO 교착상태가 지속되면서 글로벌 식량 공급망 안정성에 대한 신뢰가 하락하고, 기후위기 가속화 등으로 통상여건의 불확실성 요인이 증가하고 있다. 이에 따라 지역 간 메가 FTA라는 거대 경제블록이 형성되면서 신통상질서의 재편이 가속화되고 있다. 시장개방의 파고에 맞서 우리 농업이 경쟁력을 유지하기 위해서는 메가 FTA의 전략적 가치와 활용방안, 피해대책에 대한 치밀한 영향분석과 실효성 있는 대책 마련이 필요할 것이다. 또한 스마트팜을 활용한 품질 좋은 작물을 지속적으로 얻을 수 있는 기술을 확보하는 것이 중요하다.

탄소중립은 더 이상 미룰 수 없는 글로벌 핵심의제가 되었다. 화석연료 보조금 감축, 탄소국경세 도입, 재생에너지 확대 등 거대한 저탄소 물결이 산업 전반에 확산되고 있다. 탄소중립의 거센 흐름에 농업도 예외가 아니다. 따라서 농업 공존형 태양광 발전시스템을 도입하여 농사를 짓지 않을 때는 추가적인 소득을 얻으면서 탄소중립에 동참하고 있다. 특히, 스마트팜의 벽면과 지붕에 태양광 발전기를 설치하여 외부의 전기를 사용하지 않고 농작물을 재배할 정도로 기술이 발전하고 있다.

팬데믹으로 인한 국제 공급망 장애 발생, 이상기후에 따른 생산 감소, 중국의 곡물 수요 증가 등으로 전 세계적으로 식량의 가격이 급등하였다. 전 세계에서 7번째로 곡물을 많이 수입하는 우리나라는 국제 곡물 가격 상승으로 인해 식량안보 면에서 위기를 느끼고 있다. 여기에 우크라이나-러시아 전쟁까지 더해져 유럽, 아프리카, 중동까지 식량 안보 리스크가 발생하게 되었다. 그로 인해 자국에 여분이 있어도 수출하지 않아 곡물 가격은 천정부지로 상승하게 되었다. '국가식량계획'의 실효적 추진 등을 통해 식량자급 능력 제고에 대한 요구가 커지고 있어 새로운 종자를 개발하고 있다.

2021년 LH사태로 농지의 불법투기 문제가 불거짐에 따라 농지법이 개정되었다. 개정된 농지법은 예외적으로 인정되었던 비농업인의 농지취득 및 부동산업을 하는 농업법인의 농지취득을 제한하였고, 농지법을 위반하는 행위에 대한 제재를 강화하였다.

금년부터는 농지은행 관리원 설치, 농지대장 마련, 농지위원회 설치 등 농지관리를 상시로 하기 위한 행정체계가 본격적으로 구축되어 농지관리가 한층 더 강화되고 있다. 특히, 우량농지 보전 및 세분화 방지를 위해 농업진흥지역 내 농지의 주말 및 체험영농 목적 취득을 제한하고 있다.

글로벌 경기회복에 따른 수요 증가와 주요 생산국의 수출규제 등으로 곡물 및 원자재 가격이 급등하고 있다. 수입의존도가 높은 유류, 비료 원료, 곡물 등 주요 원자재 가격도 급등하게 되었다.

이로 인해 농가의 경영비 부담도 더욱 커지고 있다. 이를 해결하기 위해 대외의존도가 높은 원자재의 안정적인 확보와 가격 안정화를 위한 정부의 지원 강화와 장기적인 대안 마련이 필요하다.

〈2022년 주목해야 할 농업 · 농촌 10대 이슈〉

①	메가FTA 중심의 신통상질서 본격화 – 시장개방 확대 및 신통상 이슈에 대한 전략적 대응 필요
②	원자재 가격 상승 여파로 농가경영 부담 가중 – 원자재 대란에 안정적 수급의 중요성 부각
③	농업 전반의 탈탄소화 이행기반 확대 – 농업부문 탄소중립 가속화
④	식량안보 안전망 구축 – 식량안보와 먹거리 보장의 통합적 실현 모색
⑤	농지법 개정에 따른 농지관리 체계 강화 – 농업생산요소로서 농지 본래의 기능 회복 기대
⑥	농촌 영농인력난 지속 – 농업 노동력 확보를 위한 대책 마련 시급
⑦	반려동물 시장 성장과 동물복지 확산 – 올바른 반려동물 양육문화와 동물복지 축산환경 조성 가속화
⑧	농산물 비대면 유통 성장 가속 – 4차산업혁명과 코로나19가 촉발한 소비 · 유통 메가 트렌드
⑨	공익직불제 제도 개선 – 현장 안착과 농업 · 농촌의 공익증진 기능 강화
⑩	고향사랑 기부금 시행 준비 – 지역균형발전을 촉진하는 실효적 운영체계 구축 중요

출처 : 2022년 주목해야 할 우리 농업·농촌 10대 이슈(영농자재신문)

[농경제학 진로 로드맵]

구분	고등1	고등2	고등3
자율 활동	창의융합강좌 독서를 통해 사회를 보는 안목을 기름. 정보통신 윤리교육을 통해 미디어 리터러시 교육의 필요성을 깨달음.	모의 국무회의에서 기획재정부로 참여함. 지속 가능한 균형과 발전 방안을 탐구함.	융합탐구프로젝트에서 '네트워크 시티와 노동'에 대한 탐구기획안을 발표함. 수도권 편중과 메가시티 도시 형성으로 인한 문제점을 탐구함.
동아리 활동	경제동아리		
동아리 활동	'상속세를 폐지해야 한다'를 주제로 찬성 입장을 표함. 코로나-19로 인한 농가소득 증가 방안을 탐구함.	'공매도가 필요할까?'를 주제로 한 토론에서 찬성 측에서 주장함. 블록체인 영상을 시청하고 해킹과 사생활 보호로부터 안정성을 확보할 수 있는 방안을 탐구함.	코로나 시기 대규모 양적완화로 인한 인플레이션, 그 중에서도 곡물 가격 상승으로 애그플레이션까지 확장되는 것에 주목함. 식량자급률이 낮은 나라일수록 문제가 더 심각하다는 점을 깨닫고 부족한 농지에서 많은 생산량을 얻을 수 있는 스마트팜에 높은 관심을 가짐.
진로 활동	진로탐색활동으로 부동산 거품 관련 뉴스를 보고 '불황 10년'을 읽은 후 저축률의 중요성을 인식. '재난 피해액' 추정방법을 탐구함.	진로탐색활동으로 '탄소포집기술, 왜 필요한가?' 주제에서 탄소배출제로를 위한 더 효과적인 CCUS기술 개발의 필요성을 인식함. 꿈 활동에서 미국 리쇼어링 정책과 그에 따른 결과를 시각자료로 활용하여 급우들을 이해시킴.	모의 국무회의에서 농림축산식품부로 참여함. 이모작 농가에 보조금 지급을 확대하고, 기존 품종보다 생육일수가 짧은 품종을 늘리는 등 이모작을 장려하며, 생산량을 늘릴 수 있는 종자 개발 산업을 촉진할 필요성을 강조함.
특기 활동		급변하는 미래사회 이해 활동에서 조별자유탐방으로 호수공원과 주변 상권 탐방을 통해 신도시 개발 시 휴양을 즐길 수 있는 곳으로 개발한다는 것을 알게 됨.	수업량 유연화 자율탐구활동으로 미국 금리 인상이 주택시장에 미치는 영향을 탐구함.

[창의적 체험활동]

구분		창의적 체험활동상황
1학년	동아리 활동	코로나-19로 인한 경제적 피해에 관심을 가지고 과거 대공황의 위기를 극복하기 위한 뉴딜정책과 블록경제를 조사하여 '**경제위기, 그에 따른 정부의 정책**'이라는 주제로 보고서를 작성하여 부원들 앞에서 발표함. 또한 우리나라에서 '**비대면 경제 활성화 방안**'과 '**코로나-19 전후 도농 소득변화 비교**' 자료를 분석하는 등 농가소득 증대 방안에 대해 탐구하는 열정을 보임. 고령화 농가의 소득을 증대할 수 있는 방안으로 스마트팜을 활용한 성공사례를 조사하여 발표함.
2학년	동아리 활동	창의주제활동에서 '**CBDC가 과연 가상화폐를 대체할 수 있을까?**'를 주제로 CBDC의 활용의 이점, 확립되기 위한 법적 근거 마련의 필요성을 피력함. '**공매도란 무엇일까?**'라는 주제를 두고 찬성 측 입장에서 공매도의 기능, 관련된 사건 등을 설명하며 '없는 것을 판다'는 생각으로 부정적인 인식을 가지고 있는 동아리원들에게 외국보다 낮은 사례임과 다시 차입한 주식을 반환해야 하기에 주가 하락에만 사용되지 않는다는 것을 이해시킴.
	진로 활동	창의융합강좌에 적극 참여하여 궁금증을 해결하면서 예리한 지적을 하는 모습을 보여 줌. '**현대사로 살펴본 인권과 평화이야기**' 주제에서 민주주의, 사회주의, 자본주의에 대한 개념을 재정립하였으며, 현대사의 비극적 사건들을 살펴보며 평화와 인권이 말살되었던 사례를 조사. '**당신의 인권감수성은 안녕하십니까?**'라는 실험을 통해 일상 속 차별과 혐오의 시선들에 대해 고민의 시간을 가짐. 진로탐색활동에서 '**탄소포집기술, 왜 필요할까?**'를 주제로 탐구하던 중 이산화탄소 배출을 줄여 지구온난화를 줄일 수 있다는 것을 알고, CCUS기술 개발의 필요성을 인식함. 꿈 활동에서 '**미국에서 시행하는 리쇼어링 정책과 그에 따른 결과**'를 시각자료로 활용하여 급우들을 이해시킴. 이후 우리나라의 리쇼어링 사례를 조사하고 리쇼어링 정책 방향을 제시함.
3학년	동아리 활동	**코로나 시기 대규모 양적완화로 인한 인플레이션**, 그 중에서도 곡물 가격 상승으로 애그플레이션까지 확장되는 것에 주목함. 러시아-우크라이나 전쟁으로 인해 곡물이 수출되지 못하는 문제와 유가상승이 겹치면서 애그플레이션이 더 가속화되고 있다는 것을 알게 됨. 식량자급률이 낮은 나라일수록 더 심각하다는 점을 알고, 부족한 농지에서 많은 생산량을 얻을 수 있는 스마트팜에 높은 관심을 가짐.
	진로 활동	모의 국무회의에서 농림축산식품부로 참여함. 이모작 농가에 보조금 지급을 확대하고 기존 품종보다 생육일수가 짧은 품종을 늘리는 등 이모작을 장려하며 생산량을 늘릴 수 있는 종자 개발 산업을 촉진할 필요성을 강조함. 이외에도 국산 밀 소비를 활성화하기 위한 방안과 젊은 영농인을 증가시키는 방안, 그리고 **스마트팜을 활용한 저노동력으로 정밀농업을 할 수 있는 시스템이 필요함**을 피력함. 특히, 논과 밭이 없더라도 지하철과 도심지의 빈 공간을 활용하여 스마트팜 도시농업을 할 수 있도록 제도가 뒷받침되어야 함을 깨닫게 됨.

구분		세부내용 및 특기사항
1학년	영어	**코로나 바이러스가 우리 사회에 미친 영향과 그로 인한 변화**들을 표현해보는 활동에서 어법적으로 완벽하고 유창한 수준의 글을 완성함. 진로와 관련된 영어 텍스트를 선정하여 분석하고 요약한 후 온라인으로 제출하는 활동에 참여함. 자신의 희망진로인 경영학, 빅데이터 분야와 관련하여 뉴로마케팅, 공익 연계 마케팅에 대한 관심도와 이해도를 보이는 보고서를 제출함. **뉴로마케팅에서 마케팅**에 소비자의 심리를 뇌신경학적인 장치를 통해 접목할 수 있다는 것을 통해 마케팅이 점점 세분화되고 구체화되고 있다는 것을 알게 되고, 온라인으로 학술 및 영상자료를 공유하여 학우들을 이해시킴.
	통합사회	'무역의 확대가 우리 삶에 끼치는 영향' 단원을 학습한 후 보호무역에 대해 관심이 생겨 **'미국의 보호무역이 아시아 경제에 미치는 영향과 RCEP'**에 대해 스스로 인터넷 자료를 탐색해보며, RCEP가 기존 북미 자유무역협정이나 유럽연합을 능가하는 세계 최대 규모의 경제블록이 될 것이고 우리나라가 가장 큰 수혜자가 될 것으로 예측함.
2학년	수학I	지수와 로그함수를 학습한 후 이산화탄소 농도 계산을 지수함수로 표현하며, 숫자 1의 차이가 10배가 날 정도로 심각함을 깨닫게 됨. 이후 이산화탄소 관련된 기술 중 탄소포집기술(CCUS)에 대해 조사하고, 이 기술의 경제적 가치에 대해 설명함. 수열 단원을 학습한 후 피보나치 수열에 관심을 가지고, 피보나치 수열이 주가 그래프를 분석하는 데 이용될 수 있고 매수나 매도 타이밍에 활용하는 방법을 설명함.
	경제	자유주제발표에서 **'젠트리피케이션에 대한 문제점과 그 해결방안'**을 사진자료, 각종 사례, 예시 법안 등을 제시하여 이해를 도움. 낙후되고 버려진 지역이 재활성화되기까지 많은 노력과 능력을 보여준 기존의 임차인들이 본인들의 수익창출 욕구로 인해 정작 지역활성화를 저해하고, 도리어 그들이 쫓겨나는 현실에 대해 안타까워하며 상생방안이 필요하다고 강조함. 또한 성수동의 사례를 제시하며 임대차 보호를 위한 정부의 정책과 지역의 필요성을 강조함. 지자체의 중재로 임대인과 임차인이 상생협약을 맺도록 하였으며, 지역의 지속가능한 성장과 활성화를 추구하고 상생발전을 도모하기 위한 노력으로 제도가 아닌 자발적 참여를 유도한 대표적인 사례로 소개함.
	국제경제	세계화에 따른 국제무역과 화폐의 흐름을 이해하고, 신문스크랩 활동으로 양적완화에 따른 인플레이션으로 미국의 금리인상이 국내 금리인상의 압력으로 작용할 것을 수업시간에 배운 환율의 영향을 적용하여 설명함. **'코로나-19가 미국 증권시장에 끼친 영향'**을 주제로 경제이슈 보고서를 작성하여 주식시장의 변동에 대한 그래프 등 시각자료를 적절히 활용하여 발표함. 코로나-19가 증권시장에 미치는 영향을 양적완화정책과 테이퍼링 실시 두 가지 측면에서 비교하고 분석하여 자신의 의견을 제시함. 자유무역과 보호무역에 대한 토론활동에서 반론을 담당하여 보호무역을 주장하는 상대측의 의견에 대해 논리적 근거를 가지고 반박하며 토론에 참여함. 특히, 코로나-19에 따른 경기침체 상황에서 보호무역보다는 수출을 통한 경제성장을 위해 자유무역을 해야 한다고 의견을 명확히 밝힘. 자유무역확대에 따라 등장한 GATT체제와 WTO체제의 성립배경과 특징, 세계 경제에 미치는 영향을 정리하고 설명함.

3 학 년	생활과 윤리	수업시간 바른 태도와 집중력 있는 모습으로 도덕적 고심이 돋보이며, 논리적으로 설명한 완성도 높은 발표 자료가 인상 깊음. 직업윤리를 학습하고, 소비자가 원하는 결과를 제공하여야 함과 이를 활용하여 잘못된 정보 제공으로 인한 부작용에 대해 알고, 직업윤리의 중요성을 다시 깨닫게 되었다고 함. 윤리적 문제의 원인을 타당하게 분석하여 가명 정보를 활용하는 방안과 지속 가능 경영을 해결책으로 제시함으로써 결론 도출능력이 돋보임. **'부유세 도입의 필요성'**과 관련하여 보고서를 작성함. 코로나 시기 소득양극화가 심화되면서 부유세 도입이 대두되었으나 이중과세 문제와 유연하지 못한 세금부과로 기업이 도산하거나 해외로 이전하는 등의 부작용을 야기할 수 있음을 주장함. 같은 논제에 대해서 자유주의 또는 공리주의가 세부적으로 나뉘어 다른 입장을 이해하는 데 도움을 얻게 되었다고 소감을 발표함.
	사회문제 탐구	수업량 유연화 자율탐구활동으로 미국 금리 인상이 주택시장에 미치는 영향에 궁금증을 가지고 **'금리 인상에 따른 주택 가격 변화 탐구'**를 주제로 탐구함. 코로나 시기 초저금리와 양적완화 등의 영향으로 주택 매수 수요가 높아져 주택가격이 상승하고, 급격한 인플레이션과 우-러 전쟁까지 겹치면서 스태그플레이션을 촉발하게 되었다는 점을 원인으로 들며 부동산 시장의 현황을 분석함. **'미국 금리인상의 국내 주택시장 파급효과'**, **'최근 금융환경의 긴축적 변화가 주택시장에 미치는 영향'**, '주택가격에 대한 금리의 시간가변적인 영향 연구' 자료를 참고하여 주택가격을 결정하는 내재가치, 적정금리와 현실금리의 차이 등 다양한 변수에 따른 영향을 조사함. 또한 금리 인상으로 인한 국내 주택 가격 하락에 영향을 주는 기간과 최근 추세와의 차이점까지 탐구하는 열정을 보임. 독서 수업시간에 배웠던 이자율과 할인율이 같으며, 금리가 높을수록 할인율이 높으며 미래가치에 대한 현재가치가 낮아지기 때문에 주택가격이 하락하게 된다는 것을 다양한 지식을 통해 이해한 후 융합적인 지식의 중요성을 깨닫게 되었다고 함. 이후 금리와 관련하여 추가로 호기심을 가지고 탐구함.

[추천도서]

[탐구 주제 찾기]

과목	단원	탐구 주제
통합 사회	환경문제 해결을 위한 다양한 노력	토양의 경제적 가치 탐구
	산업화와 도시화에 따른 문제점 해결방안	스마트팜 사업의 경제적 가치 탐구
	교통, 통신의 발달과 정보화에 따른 문제점과 해결방안	도시농업의 경제적 가치 탐구
	인구문제와 해결방안	인구수가 늘어나는 농촌 지역 탐구
	지속 가능한 발전을 위한 노력	경제수림 조성으로 인한 지속가능한 경제 탐구
과학	지구시스템의 에너지와 물질 순환	바람길을 활용한 미세먼지 절감 탐구
	생물다양성과 보전	종자 특허 확보로 인한 경제적 효과 탐구
	지구 환경변화와 인간생활	웰니스 치유 관광의 사례 탐구
	발전과 지구환경 및 에너지 문제	태양광 발전을 활용한 스마트팜 에너지 자립 탐구
수학	함수(여러가지 함수)	생산량의 변화에 따른 총경비 변화의 한계 비용 탐구
	방정식과 부등식(이차방정식과 이차함수)	기후와 농산물 가격 인상과 예상이익 변화 및 가격 결정
	함수(역함수)	역함수 미분을 활용한 기업의 제품 생산을 결정하는 한계비용 탐구

➡ 핵심 키워드로 알아보는 농경제학

농업, 식품, 경제학, 농산물, 토지, 정책, 자원, 농산업, 농촌, 바이오, 시스템, 농산업, 상거래, 무역, 유통, 에너지, 협동조합, 인구, 식량, 푸드, 배분

ⓐ DBpia에서 가장 많이 검색된 논문

　㉠ 조선후기 한국 농업의 특징과 기후생태학적 배경. 비교민속학회

　㉡ 도시농업 육성의 정책적 함의. 한국산업경제학회

　㉢ 유기농 시장의 소비자 특성 연구. 한국산업경제학회

ⓔ AHP와 퍼지 AHP를 이용한 국가별 FTA에 따른 산업부문의 상대적 중
요도. 한국산업경제학회

ⓜ 로컬푸드 관점에서 본 농산가공산업의 활성화방안. 한국산업경제학회

ⓑ 시사를 활용한 탐구활동

출처 : 사이언스온(https://scienceon.kisti.re.kr/)

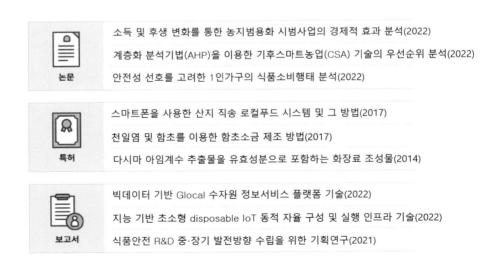

동향	'기아종식'과 '지속가능한 농업'을 위한 과학기술의 역할은?(2022)
	코로나19로 찾아온 식량위기 해법은?(2020)
	오리너구리는 왜 항우울제를 먹어야 할까(2018)

출처 : 사이언스온(https://scienceon.kisti.re.kr/)

➡ 농경제학에서 수강하는 대표 과목

[농경제학과 대학에서 이수하는 교과]

교양필수	경제학원론, 경제수학, 미시경제, 거시경제, 계량경제, 경제사
전공필수 및 전공선택	경제학원론, 농식품가격론, 농식품경영·경제학, 농식품정책론, 농식품조사분석론, 농업·농촌사, 농업경영정보학, 농업경영조직및계획, 농업경영학개론, 농업경제학, 농업교육론, 농업교재연구및지도법, 농업논리및논술론, 농업발전경제학, 농업생산경제학, 농촌개발론, 농촌관광론, 농촌사회학, 농촌지도론, 사회경제사, 사회적경제론, 식품경제학, 식품마케팅및캡스톤, 식품산업조직론, 식품소비경제학, 신산업사회와농업경영철학, 애그리비지니스론, 유통경제학, 응용경제통계학, 응용계량경제학, 지역경제학, 지역발전론, 통계정보학, 협동조합론, 회계및재무분석론 등

[농경제학과 진학에 도움이 되는 교과]

교과영역	교과(군)	공통과목	선택 과목	
			일반선택	진로선택
기초	국어	국어	화법과 작문, 독서, 문학, 언어와 매체	심화국어, 고전읽기
	수학	수학	수학 I, 수학 II, 미적분, 확률과 통계	기하, 경제수학, 인공지능 수학
	영어	영어	영어회화, 영어 I, 영어 II, 영어 독해와 작문	진로영어, 영어권문화
	한국사	한국사		

탐구	사회	통합사회	경제, 정치와법, 사회문화, 윤리와 사상	사회문제탐구, 사회과제 연구, 고전과윤리
	과학	통합과학, 과학탐구 실험	생명과학I	과학사, 생활과 과학
생활 교양	기술·가정		기술가정, 정보	인공지능 기초, 정보과학, 프로그래밍, 빅데이터분석
	교양		실용경제, 제2외국어I, 철학, 심리학, 논리학	

※ 별색 : 핵심 권장 과목, 밑줄 : 배우면 좋을 과목

통계·빅데이터학계열
진로 로드맵

어떤 성향이
이 계열에 잘 맞을까?

통계학과는 자연과 인문계열에 모두 존재한다. 미적분까지 공부하고 사탐 일정 과목을 이수한다면 인문 통계학과를 지원할 수 있다. 그런데, 해당 계열을 지원하는 학생들 대부분은 빅데이터와 통계 프로그램을 사용해본 경험이 거의 없다. 따라서 통계청이 제공하고 있는 무료 버전인 통그라미에서부터 R프로그래밍, SPSS 등 쉽게 접근할 수 있는 프로그램이 다양하게 있으니 이를 활용하여 분석해보는 것을 추천한다.

우리는 다양한 IT기기를 통해 실시간으로 수많은 정보들을 접하고 있다. 빅데이터란 무질서한 것처럼 보이는 서로 다른 엄청난 양의 데이터 속에서 특정 또는 일정한 패턴을 찾아 의미 있는 정보를 제공하는 것이다.

대표적인 예로는 OpenAI에서 개발한 인공지능(AI) 챗봇 ChatGPT가 있다. 챗봇 ChatGPT는 2022년 11월 30일 출시 후 다양한 활용 가능성을 보여주며, 출시된 지 5일 만에 100만 명, 2주일 만에 200만 명의 사용자를 달성하였다. ChatGPT는 대화형 질의에 대한 자연스러운 답변뿐만 아니라 챗봇 개발, 언어 번역, 콘텐츠 생성, 텍스트 요약 등 광범위한 부분에서 강력한 성능을 보여주기 때문에 출시와 동시에 폭발적인 관심을 끌어모으고 있다.

특히, 텍스트보다 영상과 이미지에 익숙한 MZ 세대가 포털사이트(구글, 네이버 등) 대신 소셜미디어(유튜브, 틱톡, 인스타그램 등)에 검색하여 정보를 찾는 것처럼, 앞으로 '챗봇 네이티브' 세대의 등장으로 전통적인 형태의 검색 엔진은 경쟁력을 잃어 사라질 위기에 처할 수 있다.

통계학은 데이터에서 의미를 찾아내는 방법을 다루는 학문이다. 빅데이터 기술의 기본은 통계이다. 모두가 빅데이터를 처리하는 데이터 사이언티스트가 될 수 없다. 하지만 통계적 지식을 바탕으로 데이터를 해석하고 활용하는 지식이 필요하다.

해당 계열을 지망한다면 빠르고 정확한 수학적 계산력이 바탕이 되어야 한다. 또한 사람들의 변화는 물론 시대의 흐름을 읽는 안목이 필요하다. 즉, 나무를 보기도 해야 하지만 숲을 보는 마인드가 있어야 한다. 평소 시시각각 변하는 사회의 변화와 경제 상황의 변화에 관심을 가지고 그 원인이 무엇인지, 그 결과가 맞는지 검증하는 탐구과정을 통해 분석하는 능력이 필요할 것이다. 이를 확인할 때 통계 프로그램을 사용하여 확인하면 더 좋을 것이다.

[통계·빅데이터학계열 진로 로드맵]

구분	중등	고등1	고등2	고등3
자율 활동		학급 특색활동_소비자 트렌드 분석 모둠활동		
		학급 특색활동_진로독서활동		
동아리 활동	경제신문읽기 -토론동아리	경영경제 시사토론 동아리, 빅데이터 및 통계학 동아리		
진로 활동		경영경제 독서 및 전문가 인터뷰, 통계청 고등학생 통계아카데미		
특기 활동	경제용어 이해하기	청소년 경제금융 이해력 - 틴매경TEST		

고등학교를 입학하기 전 다양한 책과 영상자료를 활용하여 자신에게 적합한 진로를 찾는 것이 무엇보다 중요하다. 중1부터 시작된 자유학기제와 중3 전환기 교육프로그램은 이를 적극 지원하고 있다. 학년 초마다 이루어지는 진로적성검사를 가벼이 여기지 말고, 이들 자료를 누적하여 분석해보는 것을 추천한다.

이 계열을 희망하는 학생들은 사회 및 경영계열에 맞춰 활동하면 좋다. 특히, 다른 학과에 비해 다루는 수학의 범위가 넓고 실용적인 학문을 지향한다는 것을 알고 수학적으로 이를 이해하는 모습을 보여주면 좋다. 통계 및 빅데이터학과의 핵심 권장과목으로 확률과 통계, 미적분, 기하가 지정될 정도로 수학적 역량이 중요하다.

2025년 고교학점제가 시행되면 일반선택 및 진로선택과목은 A, B, C 성취도로 성적을 기입하기에 성적으로 학생을 평가하는데 한계가 있다. 따라서 진로를 먼저 결정하고 경제, 경제수학, 빅데이터분석 과목을 선택하면 관련된 지식뿐만 아니라 추가적인 활동을 기획하는 데에도 도움이 될 것이다. 구체적인 활동계획을 세우기 위해 진로 로드맵을 작성하면 어떤 활동에 중점을 두고 활동할 것인지 계획을 세우기 수월하다. 특히, 학기 중에 이뤄지는 여러 교내활동을 학교알리미를 통해 방학에 미리 당겨 준비하면, 시험 기간에 쏟아지는 각종 수행평가를 사전에 대비할 수 있어 정기고사에 보다 효율적인 시간 관리를 할 수 있을 것이다.

진로 로드맵에 자율활동, 동아리활동, 진로활동, 특기활동(독서, 개인별 세특 등)과 관련하여 구체적으로 어떤 활동을 할 것인지 내용을 기록한다면 시간을 효율적으로 활용할 수 있으며, 진로에 맞는 일관된 활동을 할 수 있다. 그러면 비교과에 집중하다 교과성적이 떨어지는 실수를 하지 않을 것이다. 또한 모든 과목을 진로와 연계하여 선택하지 않을 것을 추천한다. 통계·빅데이터학계열에서도 융합인재를 선호하는 만큼 다양한 분야에 관심을 가지고 탐구하면서 수학과 컴퓨터 기술을 활용하여 보다 전문적으로 탐구한다면 더 좋은 스토리를 만들 수 있을 것이다.

선배들의
진로 로드맵 엿보기

통계학 진로 로드맵

➔ 통계학 합격자 선배들의 진로 로드맵과 세특

명지대학교 스포츠기록분석연구센터는 2002년 설립되어 스포츠 과학을 연구하고 교육하는 기관으로 자리 잡았다. 스포츠 경기를 통해 발생하는 다양한 종류의 경기기록 또는 데이터를 체계적이고 일관된 방법으로 수집하고, 객관적이고 과학적인 분석을 통해 의미있는 결과를 도출하고 있다. 스포츠 경기분석 또는 스포츠 데이터분석을 위한 정보의 종류와 수준은 매우 다양하게 존재한다. 형태상으로 분류한다면 영상이나 숫자, 문자로 된 데이터도 될 수 있고, 주제로 분류한다면 경기 퍼포먼스와 관련이 있는 선수 데이터 및 팀 데이터, 경기 외적인 경기 정보로 분류할 수도 있다. 최근에는 빅데이터 분석 방법론이 활용되면서 경기 외적인 미디어 데이터 또는 SNS 등의 비정형 데이터도 스포츠과학 영역에 포함하고 있다. 최근에는 AI 또는 IoT 기반의 센서, 레이더 등을 이용한 선수 퍼포먼스 데이터를 전사적으로 수집하여 한 동작 또는 한 선수, 한 팀에 대하여 테라바이트급의 빅데이터들이 자동 수집되고 분석되고 있다.

분석된 스포츠 통계 데이터의 활용영역은 크게 세 가지 부문으로 분류된다. 첫 번째는 스포츠 현장에서 경기의 승리 또는 더 나은 경기력 향상을 위한 분석

자료로 활용되고, 스포츠 선수의 연봉 협상의 기초자료로 활용된다. 두 번째는 스포츠 연구 영역으로 스포츠 통계데이터를 보다 쉽게 분석하고 가치를 창출하기 위한 방법론을 개발하고, 학술지 등을 통해 연구 결과를 공유함으로써 스포츠 경기분석의 학문적 발전에 이바지하고 있다. 세 번째는 스포츠 산업 분야에서 ICT 기술의 발전과 더불어 운동과 건강에 대한 사회적 관심이 고조되고, 그 저변이 확대되고 있다. 소위 '보는 스포츠'에서 '하는 스포츠'로 생활체육을 즐기는 사람들이 많아지고 있고, 엘리트 선수가 아니더라도 일반인들이 자신의 기록을 확인하고 서비스받을 수 있는 제품들이 생산되고 있다. 종목에 따라 어떤 통계 데이터를 어떠한 방식으로 서비스하느냐가 굉장히 중요하다. 뿐만 아니라 미디어에서도 전문적인 스포츠 통계 서비스가 활용되고 있다. 단순히 경기 결과를 제공하는 서비스보다 훨씬 전문적인 스포츠 통계 데이터의 수요가 증가하고 있다. 예를 들어 축구 경기에서 실시간 분석을 통해 슈팅, 코너킥, 파울 등의 빈도 데이터뿐만 아니라 볼점유율, 공격점유율, 패스 패턴 및 선수의 히트맵 등의 통계 데이터를 도출해내고 있다.

사용하고 있는 분석 프로그램은 분석 목적에 따라 다양하다. 영상분석을 목적으로 한다면 영상분석에 최적화된 분석 도구를 사용하고, 데이터 분석을 목적으로 한다면 데이터 분석에 최적화된 도구를 사용한다. 스포츠 경기분석 이외에 AI 관련 알고리즘 연구도 병행하고 있다. 머신러닝이나 딥러닝 기반 기술을 사용하여 스포츠 영역에서 예측과 통찰, 그리고 의사결정의 피드백을 하고 있다. Pose Estimation 등과 같은 기술을 활용하여 동작기반 데이터를 수집하고, 역학적인 움직임을 분석하거나 딥러닝 알고리즘을 활용하여 경기의 승패 예측 등과 같은 연구를 진행하고 있다.

데이터를 활용한 예로 한 가지 일화가 있는데, 빌 제임스는 단지 야구를 좋아하는 통조림 공장 경비원이었다. 매일 전 경기를 자신만의 데이터베이스로 남기는 등 어떻게 하면 야구라는 경기의 진면목을 더 효과적으로 숫자로 나타낼 수 있을지 고민하며 새로운 통계수치들을 개발했다. 지금 세이버매트릭스 지표들 중 상당수가 빌 제임스에 의해 개발된 것이다. 이후 빌 제임스를 중심으로 만들어진 미국야구연구협회(SABR)는 세이버매트릭스라는 방법론을 창시하게 되었다.

또한 '머니볼' 소설로 유명한 오클랜드 애슬레틱이라는 팀은 세이버매트릭스를 활용하여 스포츠 데이터를 사용하는 새로운 길을 열었고, 보스턴 레드삭스라는 팀도 1918년 이후 월드 시리즈 우승이 없었지만 '세이버매트릭션'을 대거 기용한 후 2000년대 3번의 우승을 달성했다. 이후 많은 구단이 세이버매트릭스를 활용하였다. 2014 브라질 월드컵에서 독일 월드컵 대표팀은 SAP의 인메모리 플랫폼인 HANA 기술에 기반한 SAP 매치 인사이트를 도입함으로써 독일 대표팀의 경기력 향상과 월드컵 우승을 이끌어냈다.

[통계학 진로 로드맵]

구분	고등1	고등2	고등3
자율 활동	독서의 날 행사에서 '학급과 학년에 따른 진행 프로그램의 선호도 조사'의 장점과 함께 실시방안을 제안하고 설문조사를 통계로 정리하여 제출함.	화재경보기 오작동으로 인해 안전 불감증이 심각해지고 있다는 것을 알고 '백신없는 질병, 안전 불감증'을 주제로 포스터를 제작하여 캠페인을 진행함.	학교폭력 예방교육을 통해 청소년 언어 사용에 관심을 가지고 '온라인 대화 대상에 따른 청소년 언어 사용 탐구'를 주제로 학생 30명의 SNS 대화 내용을 데이터화하여 급식체의 심각성을 알려줌.
동아리 활동	지역 축제가 단순한 먹거리와 체험에 그친다는 문제점을 인식하고, 축제 이미지 개선을 위해 방문객 300명을 대상으로 설문조사를 진행한 후 결과를 그래프로 산출함.	청소년 아르바이트의 열악한 환경을 인식하고, '10대 청소년을 중심으로 파헤친 아르바이트 실태'를 주제로 문헌 조사와 학생 50명을 대상으로 한 설문조사를 실시하고, 선행연구와 오차가 발생하여 추가로 150명의 설문조사를 실시하여 이를 검증하는 모습을 보임.	수학과 통계 주제로 '실내 디자인에 대한 연령별 선호도'를 조사하고 이를 바탕으로 어떤 디자인을 좋아하는지 파악함. 또한 '여름철 에어컨 사용을 줄일 수 있는 건축 소재'를 탐구하던 중 소재에 따른 열교환율까지 조사하여 효율성을 탐구함.
진로 활동	직업 발표활동으로 통계전문가를 발표함. '진로를 이루기 위해 어떤 노력을 해야 하는지?'라는 질문을 받고 수리통계, 확률론 과목을 이수하고 데이터 분석능력을 기름.	설문조사에서 표본추출의 중요성을 인식하고 '여론조사의 이해' 강의를 듣고 여론조사 개요와 조사기획, 설문지 작성법, 표본추출법, 그리고 조사방법에 대해 학습하고 설문조사를 효과적으로 하는 방법을 터득함.	진로 발표활동에서 일상생활에서 통계의 괴리감을 느꼈던 것을 계기로 '통계를 바라보는 눈'이라는 주제로 누진세 폭탄, 현실과 동떨어진 전기료, 20개월째 불변중인 물가지수 등을 조사함. '공식 취업률 수치, 신뢰할 수 있는가?'를 주제로 표본 추출방식에 따른 오류와 표본 집단에 따라 결과가 달라질 수 있음을 소개함.
특기 활동	과채류와 함께 보관한 감자가 늦게 발아하는 이유에 호기심을 가지고 과채류의 호흡률과 포장재의 기체 투과성을 탐구함.		잘못된 뉴스 정보가 미치는 악영향의 심각성을 인지하고 '당신이 아는 진실, 진실일까?'를 주제로 가짜뉴스의 사례와 이를 파악할 수 있는 방법을 소개함.

[창의적 체험활동]

구분		창의적 체험활동상황
1 학 년	동아리 활동	지역 축제가 단순한 먹거리와 체험에 그치는 문제점을 인식하고, 방문객을 대상으로 축제 이미지 개선을 위해 어떤 활동을 구성하고 어떤 편의시설을 설치해야 할지, 리뉴얼되어야 할 부분을 설문 문항으로 작성하여 방문객 300명을 대상으로 설문을 진행한 후 이를 그래프로 산출함. 설문 결과, 지역 축제하면 생각날 수 있는 먹거리와 체험은 의미가 있다는 것과 다양한 활동을 한꺼번에 체험할 수 있는 넓은 공간, 체험 후 선물도 받아갈 수 있는 이벤트도 필요하다는 것을 알고, 이를 반영할 것을 시 홈페이지에 건의하는 열정을 보임.
2 학 년	동아리 활동	청소년 아르바이트의 열악한 환경의 심각성을 인지하고, **'10대 청소년을 중심으로 파헤친 아르바이트 실태'**를 주제로 청소년 아르바이트 실태에 대해 조사함. 문헌조사를 바탕으로 여학생 50명을 설문조사하니 선행연구 결과와 차이가 있어, 남학생까지 포함하여 150명 학생들을 추가 설문조사한 후 선행연구 결과를 검증함. 표본의 중요성을 깨닫는 활동이 되었다고 발표함.
	진로 활동	설문조사에서 표본추출의 중요성을 인식하고, **'여론조사의 이해'** 강의를 듣고 여론조사 개요와 조사기획, 설문지 작성법, 표본추출법, 그리고 조사방법에 대해 학습하고 설문조사를 효과적으로 하는 방법을 터득함. 이후 통계를 활용하여 범죄가 발생한 지역을 조사하여 범죄가 발생할 수 있는 시간과 장소를 미리 파악하여 순찰을 강화하고 CCTV를 설치하여 범죄를 예방하는 데 활용할 수 있다는 사례를 들어 통계의 기능적 역할을 알게 되었다고 발표함.
3 학 년	자율 활동	학교폭력 예방교육을 통해 청소년 언어 사용에 관심을 가지고, **'온라인 대화 대상에 따른 청소년 언어 사용 탐구'**를 주제로 30명 학생의 SNS 대화 내용을 바탕으로 표본조사를 실시함. 최근 3일 동안의 대화메시지를 기준으로 맞춤법, 띄어쓰기, 오타, 신조어, 우리말 등의 사용횟수를 엑셀로 데이터화함. 채팅 대상을 가족, 친구, 선후배로 세분화하여 '통그라미'의 기초통계량 그룹 변수를 사용하여 채팅 대상과의 관계를 고려하여 예상했던 결과값과 데이터 산출값을 비교하고, 표본 크기가 전체 모집단의 대표성을 보장하기에는 부족하다는 활동의 한계점을 발표함.
	진로 활동	진로 발표활동에서 일상생활에서 통계의 괴리감을 느꼈던 것을 계기로 **'통계를 바라보는 눈'**이라는 주제로 누진세 폭탄, 현실과 동떨어진 전기료, 20개월째 불변인 물가지수 수치 등을 조사함. 아르바이트생도 취업자로 분류했을 때의 실업률 등을 파악하고, **'공식 취업률 수치, 신뢰할 수 있는가?'**를 주제로 표본 추출방식에 따른 오류와 표본 집단에 따라 결과값이 달라질 수 있음을 소개함. 직업인과의 만남 활동 중 교수님 지도하에 **'우리나라 경제, 사회적으로 해결해야 할 중요한 당면과제'**로 '일회용 비닐봉지'를 선정하여 하루 동안 사용되는 일회용품의 양과 1년간의 쓰레기 처리비용을 약 10년 동안의 추이 그래프를 통해 심각성을 강조함. 1인당 비닐봉지 사용량을 다른 나라와 비교한 그래프를 제시하여 이해도를 높이는 데 기여함.

[교과 세특]

구분		세부내용 및 특기사항
1 학년	개인별 세특	일상에서 나타나는 화학 현상들을 찾던 중 **'과채류와 함께 보관한 감자가 늦게 발아하는 이유'**에 호기심을 가지고 탐구함. 원인을 과채류의 호흡률과 포장재의 기체투과성으로 나누어 탐구하였으며, 과채류의 호흡률은 과채류의 종류에 차이를 두어 감자와 밀폐 보관하는 실험을 진행하여 포장재의 기체투과성을 통해 발아율을 확인함. 이 실험을 위해 **'신선도 유지용 포장봉지 속 과일의 호흡모델'** 자료를 참고하여 실험을 설계하고, 과일의 종류와 포장재의 종류에 따른 발아 정도를 파악함.
2 학년	독서	빅데이터로 인한 개인정보 침해의 부정적인 문제를 알게 됨. 데이터를 활용한 긍정적인 사례를 찾고자 '미국의 블랙프라이데이' 기사를 읽고, 미국 최대의 쇼핑 축제의 날에 다품종을 세일하여 판매량을 증가시켜 경기를 활성화시키기 위한 수단으로 도입되었음을 알고, **'미국의 블랙프라이데이와 코리아 세일 페스타 비교'**를 주제로 긍정적인 효과와 부정적인 효과, 경기부양 효과를 다양한 그래프와 도표를 활용하여 발표함.
	확률과 통계	순열과 조합에서 책상의 도형마다 사람이 앉는 경우의 수를 구하는 풀이를 잘 이해하고 있으며 친구들에게 잘 설명함. 조건부확률을 활용한 창의사고력 문제 해결에 뛰어난 재능을 보이고 표를 그려 문제 풀이법을 급우들에게 잘 설명함. '생활 속에서 사용되는 확률'을 주제로 확률이 로또, 보드게임, 윷놀이 등의 일상생활에서부터 기상청 날씨예보, 스포츠 기록분석 등의 전문분야에 이르기까지 다양하게 활용이 된다는 것을 조사하여 발표함. 확률의 중요성과 통계가 활용되는 다양한 직업까지 소개하면서 수학의 중요성을 알려줌.
	사회 문화	인공지능이 인류의 미래에 미치게 될 영향에 관심을 가지고 **'로봇시대, 인간의 일'**이란 책을 읽고 인공지능의 개발로 인간들이 입게 될 피해들과 얻게 될 이익들을 조사하여 인간과 로봇이 공존할 수 있는 방법에 대해 탐구함. 비정규직 분포와 그를 통해 20대 비정규직 평균임금을 조사하면서 고용불안을 해결하기 위해서는 동일 직무를 수행하는 경우 동일한 임금을 주는 법안이 필요하다는 것을 강조함. 사회적인 문제에 관심을 가지면서 경제 현상을 이해하는 데 도움을 얻게 되었다고 함.
3 학년	미적분	미분을 이용하여 삼차함수와 사차함수의 그래프를 그리고 창의 사고 능력의 문제를 풀이하는 능력이 뛰어난 학생임. 조별 탐구활동으로 영화 **'영화보는 날, 미적분이 숨어있다'**를 감상한 후 과속 단속 카메라, 애니메이션 제작, 주가변동의 원리 등 생활 속 사례를 UCC로 제작하여 발표함. 수학 신문만들기 활동에서 **'홈런도 수학이다'**, **'로그함수를 이용하여 동물의 멸종을 계산하는 슬픈 수학공식'** 등의 기사를 작성하여 급우들의 관심을 불러일으킴. 특히, 기사 작성에 어려움을 보이는 조원에게 작성하는 방법을 친절하게 알려주며 팀원을 잘 이끌어나감.

3 학 년	화학 II	화학합성과 화학물질의 위험성을 학습한 후 '일주일 친환경 실천하니 몸 속 바디버든 70% 감소되었다'라는 기사를 읽고 일상의 각종 용품에 화학물질이 많이 함유되어 있고 건강에 악영향을 끼친다는 것을 알고, **'우리는 어떻게 화학물질에 중독되는가'** 책을 추가로 읽음. 화학물질의 위험성을 깨닫고 화학물질의 위험성을 학생들에게 알려주고자 **'유독물질 가이드'**를 제작하여 게시판에 공지하는 활동을 하며, 바디버든 샴푸와 바디워시를 사용할 것을 추천함.

➡ 통계학계열 추천도서와 탐구 주제 찾기

[추천도서]

[탐구 주제 찾기]

과목	단원	탐구 주제
통합 사회	환경문제 해결을 위한 다양한 노력	지역별, 월별 미세먼지 통계를 통한 원인 분석 탐구
	산업화와 도시화에 따른 문제점 해결방안	거대 도시 수가 증가하는 원인 탐구
	교통, 통신의 발달과 정보화에 따른 문제점과 해결방안	통계조사를 통한 자율주행차 안전성 탐구
	인구문제와 해결방안	유동인구로 신축 아파트 위치 탐구
	지속 가능한 발전을 위한 노력	통계로 알아보는 한국의 지속가능발전 목표 탐구
과학	지구시스템의 에너지와 물질 순환	바람길을 활용한 미세먼지 절감 탐구
	생물다양성과 보전	디지털 육종을 통한 우수 종자 개발 탐구
	지구 환경변화와 인간생활	통계로 본 지구온난화 대처법 탐구
	발전과 지구환경 및 에너지 문제	가상발전소를 활용할 경우 얻을 수 있는 경제적 이득 탐구
수학	함수(여러가지 함수)	시그모니이드 함수를 이용한 사회 현상 탐구
	경우의 수(경우의 수와 순열, 조합)	실생활 속 순열과 조합을 이용한 활용사례 탐구
	경우의 수(경우의 수와 순열, 조합)	데이터 암호 생성을 위한 규칙성 탐구

➡ 핵심 키워드로 알아보는 통계학

통계, 통계학, 분포, 확률, 자료, 추정, 확률변수, 분산분석, 확률분포, 프로그래밍, 함수, 기댓값, 회귀분석, 조건부, 무작위, 베이지안, 범주, 보험, 계산, 가설, 기법, 변량, 표본 검정, 블록, 변동

ⓐ DBpia에서 가장 많이 검색된 논문

　㉠ 빅데이터와 통계학. 한국데이터정보과학회

　㉡ 이용자 속성 및 기능적 특성에 따른 스마트폰 중독에 관한 탐색적 연구. 경성대학교 사회과학연구소

ⓒ 기술수용모델을 이용한 초기 이용자들의 스마트폰 채택 행동 연구. 한 국언론학회

ⓓ 욕구 충족 영상 콘텐츠(브이로그 / ASMR / 먹방) 이용 동기, 수용자 특성, 시청 만족도에 관한 연구. 한국콘텐츠학회

ⓔ OTT를 통해 제공되는 콘텐츠 특성에 관한 연구 : 이용자 특성과 이용 장소를 중심으로. 한국콘텐츠학회

ⓑ 시사를 활용한 탐구활동

통계학
산술적 방법을 기초로 하여, 주로 다량의 데이터를 관찰하고 정리 및 분석하는 방법을 연구하는 수학의 한 분야

빅데이터
기존 데이터베이스 관리도구의 능력을 넘어서는 대량(수십 테라바이트)의 정형 또는 심지어 데이터베이스 형태가 아닌 비정형의 데이터 집합조차 포함한 데이터로부터 가치를 추출하고 결과를 분석하는 기술

데이터사이언스
분석 방법, 도메인 전문성 및 기술의 융합을 통해 데이터에서 패턴을 찾고, 추출하고, 표면화하는 다학문적인 접근 방식

출처 : 사이언스온(https://scienceon.kisti.re.kr/)

논문	통계공학을 위한 Python 패키지 응용(2021)
	지역문제 해결을 위한 데이터사이언스 기반의 시스템 분석 연구(2021)
	비즈니스 인텔리전스 시스템 활용이 사용자 업무성과에 미치는 영향에 관한 연구(2017)

특허	스마트폰 연동 미세먼지 측정 시스템(2022)
	국립공원 탐방객을 대상으로 하는 여가 및 휴양 실태조사 장치 및 방법(2022)
	빅 데이터를 활용한 스마트공장 제조공정 제어시스템(2022)

보고서	Big Data와 AI를 활용한 사회과학 연구방법론 개발 및 실무적 활용방안 제시(2021)
	IoT 센서 기술과 데이터 사이언스 기반의 건설 작업자 안전관리시스템 개발(2020)
	빅데이터·인공지능 산업 진흥을 위한 데이터 과학의 발전 전략 연구(2019)

동향	"컴퓨터·정보 분야 일자리 13% 증가할 것"(2021)
	ICT 기술 활용, 저성장 시대에 도약의 기회 될까?(2021)
	빅데이터와 AI로 범죄발생 예측한다(2021)

출처 : 사이언스온(https://scienceon.kisti.re.kr/)

통계학에서 수강하는 대표 과목

[통계학과 대학에서 이수하는 교과]

교양필수	통계적 사고, 기초통계학, 통계수학, 행렬이론, 프로그래밍언어 및 실습
전공필수 및 전공선택	강화학습을 위한 확률과정과 표집, 글로벌통계 실무교육 인턴십, 금융통계학, 기초통계학, 다변량 통계분석, 데이터마이닝입문, 딥러닝을 위한 통계적 모델링, 범주형자료분석, 베이즈통계 입문, 보험통계학, 비모수통계학, 사회과학을 위한 데이터과학, 생명과학을 위한 데이터과학, 선형방법론, 수리통계학, 수리통계학 특강, 시계열분석, 실험계획법, 인과추론, 통계계산방법, 통계계산소프트웨어, 통계계산프로그래밍, 통계수학, 통계적데이터과학, 통계적머신러닝, 통계조사론입문, 행렬이론, 확률론 입문, 회귀분석 등

[통계학과 진학에 도움이 되는 교과]

교과영역	교과(군)	공통과목	선택 과목	
			일반선택	진로선택
기초	국어	국어	화법과 작문, 독서, 문학, 언어와 매체	심화국어, 고전읽기
	수학	수학	수학 I, 수학 II, 미적분, 확률과 통계	기하, 경제수학, 인공지능 수학

기초	영어	영어	영어회화, 영어I, 영어II, 영어 독해와 작문	진로영어, 영어권문화
	한국사	한국사		
탐구	사회	통합사회	경제, 정치와법, 사회문화, 윤리와 사상	사회문제탐구, 사회과제 연구, 고전과윤리
	과학	통합과학 과학탐구 실험		과학사, 생활과 과학
생활 교양	기술·가정		기술가정, 정보	인공지능 기초, 정보과학, 프로그래밍, 빅데이터분석
	교양		실용경제, 제2외국어I, 철학, 심리학, 논리학	

※ 별색 : 핵심 권장 과목, 밑줄 : 배우면 좋을 과목

빅데이터학 진로 로드맵

→ 빅데이터학 합격자 선배들의 진로 로드맵과 세특

인공지능은 그 기술의 잠재력만으로도 우리 산업에서 근본적인 혁신을 가져오며, 새로운 일자리 창출뿐만 아니라 기존 일자리를 대체하면서 발생하는 실업 문제, 재교육, 이직 등 사회적 변화도 일으키고 있다. 이렇게 인공지능에 관한 관심이 본격화되면서 우리 삶의 변화 속도와 폭은 더욱 가속화될 것이고 광범위해질 것으로 예상된다.

세계 주요국들은 인공지능을 활용한 산업의 주도권을 선점하기 위하여 다양한 노력을 기울이고 있다. 데이터 전문기관인 통계청도 세계적인 흐름에 발맞춰 인공지능과 관련된 연구를 진행 중이다. 특히, "국가 디지털 공공서비스 혁신사업"의 일환으로 한국어 기반의 인공지능 분류학습에 필요한 양질의 데이터를 통

계데이터센터를 통해 시범적으로 개방하고, 국가통계에 자연어 기반 인공지능 학습 및 활용 가능성을 확인하여 데이터의 잠재적 가치를 제고하기 위해 2022년 처음으로 통계데이터 인공지능 활용대회를 개최하였다.

은행업에서는 빅데이터가 오랜 세월 활용되어 현금 회수부터 재무관리까지 은행의 모든 업무 효율을 높이고 있다. 은행업의 빅데이터 애플리케이션은 고객의 수고를 덜어주고 수익을 창출하고 있다. 클라우드 컴퓨팅으로 리스크 계산 데이터 처리에 드는 비용을 절감하고, 리스크 관리의 효율을 향상시키고 있다. 고객 데이터 수집, 분석을 통해 보다 개인 맞춤형 서비스를 제공하고 있다. 클러스터링+어소시에이션의 데이터 분석기법을 사용하여 지점 장소 선정 등 중요한 결정의 정확도를 높이고 있다.

우리가 매일 사용하는 카드에서는 '누가, 언제, 어디서, 무엇을 소비했는가'에 관한 정보가 담겨있다. 이를 통해 '왜 소비했는지, 어떤 과정을 거쳐 소비했는지'에 관해서도 유추해 볼 수 있다. S카드사는 이 빅데이터를 모두 결합해 비즈니스적 가치를 창출하는 데이터로 도출하고 있다. 좀 더 자세히 말하자면 고객의 성별·연령·직업·거주지, 월·계절별 소비 정보, 지역별 소비 정보, 소비가 이뤄진 가맹점 정보 등을 복합적으로 분석해 인사이트를 얻고 있다. 단순히 소비 정보만 분석한 게 아니고, 고객 특성, 소비 트렌드, 라이프 스타일, 소비 업종 등의 데이터가 지역 인프라와 어떤 연관이 있는지 살펴보는 등 다채로운 분석을 더해 더욱 의미 있는 데이터를 만들어 내고 있다. 빅데이터 분석을 통해 매출 트렌드 분석, 상권 입지 분석, 고객 유·출입 분석 및 특성 분석, 잠재 수요 분석 등으로 부가 활용이 가능한 데이터를 만들어냈다. 이를 바탕으로 마케팅 관련한 의사결정은 물론 상품 개발에까지 활용하고 있다. 대표적인 것이 '코드나인(Code 9)'이다. 이는 2,200만 고객의 빅데이터를 다각적으로 분석해 만든 상품 체계이다. 코드나인은 마케팅은 물론 상품 개발 등에 다채롭게 쓰이고 있다. 예컨대 개별 트렌드 코드에 걸맞은 맞춤형 혜택을 제공하는 카드를 출시하는 식이다. 빅데이터 기반으로 나온 만큼 성과는 확실하다. 여기에 만족하지 않고, 빅데이터 분석을 통한 또 다른 상품을 내놓기도 했다. 할인점, 편의점, 커피와 영화, 해외 가맹점, 이동통신요금 자동이체, 5개 영역에서 소비가 많다는 걸 빅데이터로 파악해 해당 영역에 혜택을 집중한 카드를 출시하기도 했다.

출처 : 금융권은 빅데이터를 어떻게 써먹을까(SK C&C)

[빅데이터학 진로 로드맵]

구분	고등1	고등2	고등3
자율 활동	학교폭력 예방교육을 듣고, 학교폭력의 유형과 매년 발생하는 비율을 조사하고, 사이버폭력이 늘고 있다는 것을 확인 후 이를 줄일 수 있는 방법을 조사하고 캠페인을 진행함.	수학멘토로서 학생들의 질문에 성실히 답변해주고 자신만의 풀이법을 알려주어 문제를 쉽고 빠르게 풀이할 수 있도록 도와줌.	학교폭력 예방교육에 참가하여 학교폭력 피해자와 고발 학생에게 협박 및 보복행위가 발생하여 신고하는 데 어려움이 있다는 점을 알고, AI 안면인식 기술과 학교폭력 유형을 학습시킨 CCTV를 설치하여 피해자와 가해자가 한 공간에 있을 경우 학교전담경찰관에 연락이 가는 방안을 제시함.
동아리 활동	실용수학이라는 학문에 관심을 가지고 실생활에 적용된 다양한 현상을 탐구함. 여러 지수함수를 배우고 물가지수를 자세히 탐구하며, 라스파이레스식과 파셰식 물가지수를 조사하여 장단점을 비교하고 분석함.	지문 분류체계에 관심을 가지고 개개인의 지문의 모양에 따라 각자의 값을 부여하고 그에 따른 초기 분류값을 지정하는 활동을 하도록 유도함.	인공지능이 가짜뉴스를 어떻게 판별하는지 궁금하여 '가짜뉴스 판별 기법 및 해결책 고찰' 자료를 참고하여 SACM기술과 전파패턴분석 기술을 활용하는 방법과 네트워크 연결 패턴으로 확인할 수 있다는 것을 확인함.
진로 활동	자율탐구활동으로 '맨홀 뚜껑의 형태와 도형의 성질'을 주제로 종이박스를 활용하여 다양한 모양의 맨홀 뚜껑을 만들어 각 모양에 따른 적합도를 실험함. '원을 제외한 정폭도형도 맨홀뚜껑으로 적합한지' 의문을 가지고 탐구함.	대학 체험박람회에서 수학과 데이터 분석에 관심을 가지고 연예인 얼굴을 한 '가짜 AI뉴스'를 접한 후 그 심각성을 깨달음. 카메라 안면인식이 쉽게 해킹당할 수 있다는 것을 알고 페이커 얼굴을 쉽게 식별할 수 있는 ToF카메라에 관심을 가지고 탐구함.	진로탐색활동으로 온라인 사회로 빠르게 전환되는 과정에서 데이터가 '힘'과 '권력'이 될 수 있다는 것을 알고, 데이터사이언티스트에 관심을 가짐. '문과생, 데이터사이언티스트 되다' 책을 읽고 자신감을 얻게 됨.
특기활동	동료평가에서 '언제든지 수학문제를 물어보면 자신의 문제처럼 해결해주려고 노력함', '해설을 이해하지 못하고 있는 상황에서 반복적으로 설명해주며 도와줘서 감동이었다.' 등의 칭찬을 받으며 본받고 싶은 친구로 선정됨.		

[창의적 체험활동]

구분		창의적 체험활동상황
1 학 년	진로 활동	자율탐구활동으로 '**맨홀 뚜껑의 형태와 도형의 성질**'을 주제로 종이박스를 활용하여 다양한 모양의 맨홀 뚜껑을 만들어 각 모양에 따른 적합도를 실험함. 원형으로 만드는 것이 구멍에 빠지지 않으면서 사람이 이동하는 데 적합하다는 것을 확인함. 이후 '**원을 제외한 정폭도형 중 맨홀 뚜껑으로 적합한 도형**'이 있는지 의문을 가지고, 역류를 방지할 수 있는 도형을 찾기위해 모양뿐만 아니라 내부 모양까지 탐구하는 모습을 보여줌.
2 학 년	동아리 활동	**지문 분류체계에 관심**을 가지고 개개인의 지문의 모양에 따라 각자의 값을 부여하고 그에 따른 초기 분류값을 지정하는 활동을 하도록 유도함. 친근한 주제를 선정하여 궁금증을 해소하고, 동아리원들로부터 흥미로운 시간이었다는 평가를 받음. 각종 수학적 이론을 실생활 사례에서 찾아보고, 모둠토론을 통해 지식을 확장하는 모습을 보임. 파스칼의 삼각형에 관심을 갖고 원리를 이해하고, 그 성질 중 이항계수의 성질을 조합과 함께 탐구함으로써 수학적 사고력을 확장함.
	진로 활동	대학 체험박람회에서 수학과 데이터 분석에 관심을 가지고 연예인 얼굴을 한 '가짜 AI 뉴스'를 접한 후 그 심각성을 깨닫고, 카메라 안면인식이 쉽게 해킹당할 수 있다는 것을 알고 **페이커 얼굴을 쉽게 식별할 수 있는 ToF카메라**에 관심을 가지고 탐구함.
3 학 년	자율 활동	학교폭력 예방교육에 참가하여 학교폭력 피해자와 고발 학생에게 협박 및 보복행위가 발생하여 신고하는 데 어려움이 있다는 점을 알게 됨. **AI 안면인식 기술과 학교폭력 유형을 학습**시킨 CCTV를 설치하여 피해자와 가해자가 한 공간에 있을 경우 학교전담경찰관에게 연락이 가는 방안 제시함. 또한 학교폭력 피해자를 상대로 한 인공지능 채팅봇을 활용하여 학교폭력이 일어난 상황에서 자동 녹음을 하고 심리상담을 지원하여 피해자의 정신치료 방법을 제시하는 기능을 개발하고자 하는 포부를 밝힘.
	진로 활동	진로탐색활동으로 온라인 사회로 빠르게 전환되는 과정에서 데이터가 '힘'과 '권력'이 될 수 있다는 것을 알고, 데이터사이언티스트에 관심을 가짐. '**문과생, 데이터사이언티스트 되다**' 책을 읽고 자신감을 얻게 됨. 특히, 많은 데이터를 가지는 것이 중요한 것이 아니라 사람들이 원하는 데이터를 선별할 수 있고, 의미 있는 데이터를 뽑아내는 능력이 중요하다는 것을 인식함. 이후 '**로봇시대, 인간의 일**'을 통해 로봇의 언어를 익히는 것도 중요하지만, 로우코드와 노코드 프로그램이 개발되고 있어 시장을 이해하고 빠르게 적응하는 것이 중요하다고 발표함.

[교과 세특]

구분		세부내용 및 특기사항
1학년	수학	코로나로 인한 비대면 수업으로 Zoom을 활용한 쌍방향 실시간 온라인 수업에 성실하게 참여하고, 수업 및 과제 조별활동에도 최선을 다해 참여함. 특히, 방과 후나 주말에 모둠학습을 구성하여 함께 원의 방정식과 평면좌표를 중점으로 개념에서 심화문제까지 풀어가는 모습을 보이며, 깨달은 내용을 공유하는 모습을 보임. 경우의 수가 실생활에 사용되는 예를 조사하고, 수행평가로 **'윷놀이의 확률'**을 주제로 다양한 경우의 수와 조건까지 소개하면서 윷놀이를 더 재미있게 즐길 수 있는 방법까지 소개하는 등 급우들의 흥미를 이끌어냄.
2학년	수학 I	삼각함수의 주기성과 소리의 파동이 서로 연관되어 있음을 알고 **상쇄간섭의 효과를 원리로 한 액티브 노이즈 캔슬링 기술**에 대해 보고서를 작성함. 또한 액티브 노이즈 캔슬링의 원리와 삼각함수의 관계를 그래프를 통해 발표함. 이후 삼각함수의 주기성이 자연현상에서 어떻게 작용하는지 궁금증을 제기하는 등 개념을 이해하고 적용하는 것에 그치지 않고, 자연현상이나 일상생활 속 사용되는 수학으로 연결시켜 사고하는 모습을 보임.
	수학 II	미적분이 실생활에 사용되는 사례에 관심을 보이고, **'도로 설계에서 사용되는 미적분'**을 주제로 발표하여 호응을 얻음. 완화곡선의 개념과 종류를 이용하여 곡선도로의 원리와 종류를 설명하고 직선도로에서 곡선도로로 진입할 때 안전하게 주행할 수 있는 이유를 미분의 기하학적 의미를 이용하여 설명함으로써 미적분의 개념에 대한 높은 이해도를 확인함. 순간 변화율과 평균 변화율의 차이를 시간-거리 그래프의 기울기를 이용하여 설명하고, 고정식 단속카메라와 구간 단속카메라를 예로 들어 접선의 기울기와 평균 기울기의 차이를 명확하게 설명함. 더 나아가 미적분이 쓰이는 다른 사례에 대해서 궁금증을 해결하는 모습을 보임.
	정보	정보사회에서 인터넷과 같은 네트워크로 연결된 시스템을 이용하여 다른 사람에게 피해를 주거나 건전한 사이버 문화를 해치는 행위가 사이버 범죄라는 것을 알게 됨. 이후 **사이버 범죄의 특징을 조사**하여 이를 사전에 파악하여 관련 정보를 사이버 경찰에 제공하여 범죄를 예방할 수 있는 시스템이 갖추어지면 좋겠다고 소감을 발표함. 파이썬의 변수는 한 번에 한 개의 값만 저장하므로 여러 번 저장하면 마지막에 저장된 값만 남게 됨을 여러 번의 실습을 통해 알게 됨. 또한 변수명에 저장된 자료를 알아보기 위해 type함수를 사용하여 간단한 프로그램을 작성해보면서 엑셀의 피벗 테이블 기능과 비교하고 분석해보는 모습을 보임.
3학년	인공지능 수학	GNA기술의 원리에 사용되는 생성자와 감별자의 적대적 관계를 친구들이 이해하기 쉽게 예를 들어 설명하고, GNA기술의 이용 사례 중 **'딥페이크 기술'**에 대해 발표함. 딥페이크 기술의 원리를 설명하면서 지도학습에서 벗어나 스스로 답을 찾는 비지도 학습 방식을 사용한다는 것을 강조함. 딥페이크 기술을 활용하여 흐릿한 사진의 독립운동가를 실제 움직이는 듯한 영상으로 바꾼 사례를 들어 딥페이크 기술의 장점에 대해서 소개함. 가짜 뉴스의 심각성을 소개하고, 기술의 발전을 통해 이를 찾아내는 **'카이캐치' 앱**을 소개하면서 개발자의 윤리의식의 중요성을 강조함.

→ 빅데이터학계열 추천도서와 탐구 주제 찾기

[추천도서]

과목	단원	탐구 주제
통합 사회	환경문제 해결을 위한 다양한 노력	지역별, 월별 미세먼지 통계를 통한 원인 분석 탐구
	산업화와 도시화에 따른 문제점 해결방안	거대 도시 수가 증가하는 원인 탐구
	교통, 통신의 발달과 정보화에 따른 문제점과 해결방안	통계조사로 자율주행차의 안전성 탐구
	인구문제와 해결방안	유동인구로 신축 아파트의 위치 탐구
	지속 가능한 발전을 위한 노력	통계로 알아보는 한국의 지속가능발전 목표 탐구
과학	지구시스템의 에너지와 물질 순환	바람길을 활용한 미세먼지 절감 탐구
	생물다양성과 보전	디지털 육종을 통한 우수 종자 개발 탐구
	지구 환경변화와 인간생활	통계로 본 지구온난화 대처법 탐구
	발전과 지구환경 및 에너지 문제	가상발전소를 활용할 경우 얻을 수 있는 경제적 이득 탐구
수학	다항식(다항식의 연산)	이진 검색을 활용하여 검색 데이터를 줄여나가는 방법 탐구
	방정식과 부등식(복소수)	정보보안을 위한 해시함수 탐구
	경우의 수(경우의 수와 순열)	RSA 암호체계와 동형암호 비교 분석 및 동형암호의 역할 탐구

➔ 핵심 키워드로 알아보는 빅데이터학

통계, 검정, 데이터, 통계학, 출력, 데이터베이스, 자료, 요인분석, 품질관리, 주성분, 인터페이스, 가설, 이의, 주성분, 사용자, 판별, 응용, 입출력, 품질, 이론적, 규명, 현실, 결과, 적응, 기술

ⓐ DBpia에서 가장 많이 검색된 논문

ㄱ 제4차 산업혁명이 일자리에 미치는 영향. 한국경영학회

ㄴ 빅데이터의 분야별 활용사례. 동아대학교 경영문제연구소

ⓒ 빅데이터와 통계학. 한국데이터정보과학회

ⓔ 빅데이터의 분석과 활용. 한국정보과학회

ⓜ 메타버스 뉴스 빅데이터 분석: 토픽 모델링 분석을 중심으로. 한국디지털콘텐츠학회

ⓑ 시사를 활용한 탐구활동

출처 : 사이언스온(https://scienceon.kisti.re.kr/)

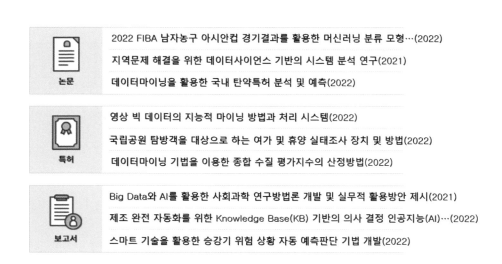

동향	수면 부족이 이기적인 사회를 만든다?(2022)
	ICT 기술 활용, 저성장 시대에 도약의 기회 될까?(2021)
	빅데이터와 AI로 범죄발생 예측한다(2021)

출처 : 사이언스온(https://scienceon.kisti.re.kr/)

➡️ 빅데이터학에서 수강하는 대표 과목

[빅데이터학과 대학에서 이수하는 교과]

교양필수	통계적 사고, 기초통계학, 통계수학, 행렬이론, 프로그래밍언어 및 실습
전공필수 및 전공선택	AI기초및응용, AI빅데이터경제학, AI빅데이터윤리, DB기초및응용, 경영정보시스템, 경영통계학, 딥러닝기초및응용, 마이데이터, 마케팅원론, 머신러닝기초및응용, 메타버스비즈니스, 빅데이터개론, 빅데이터독립심화연구, 빅데이터마케팅, 빅데이터세미나, 빅데이터수학, 빅데이터알고리즘, 빅데이터애널리틱스, 빅데이터연구방법론, 빅데이터의사결정분석, 빅데이터통계학, 빅데이터프로그래밍, 소셜네트워크과학, 시뮬레이션기초, 재무관리, 조직행동론, 최적화이론기초, 추천시스템, 회계원리 등

[빅데이터학과 진학에 도움이 되는 교과]

교과영역	교과(군)	공통과목	선택 과목	
			일반선택	진로선택
기초	국어	국어	화법과 작문, 독서, 문학, 언어와 매체	심화국어, 고전읽기
	수학	수학	수학I, 수학II, 미적분, 확률과 통계	기하, 경제수학, 인공지능 수학
	영어	영어	영어회화, 영어I, 영어II, 영어 독해와 작문	진로영어, 영어권문화
	한국사	한국사		

탐구	사회	통합사회	<u>경제</u>, 정치와법, 사회문화, 윤리와 사상	사회문제탐구, 사회과제 연구, 고전과윤리
	과학	통합과학 과학탐구 실험		과학사, 생활과 과학
생활 교양	기술·가정		기술가정, 정보	인공지능 기초, 정보과학, 프로그래밍, 빅데이터분석
	교양		실용경제, 제2외국어I, 철학, 심리학, 논리학	

※ 별색 : 핵심 권장 과목, 밑줄 : 배우면 좋을 과목

산업데이터사이언스학 진로 로드맵

➜ 산업데이터사이언스학 합격자 선배들의 진로 로드맵과 세특

세계적인 커피숍 브랜드인 스타벅스는 매일 대량의 데이터를 처리하는 데이터 테크 기업이다. AI를 사용한 추천 시스템, 데이터에 기반한 제품 개발, 데이터를 활용한 점포 계획, 상황에 따라 변화하는 동적 메뉴, AIoT를 활용한 시스템 유지 보수 서비스를 제공하고 있다. 개별적으로 보면 흔한 AI와 데이터 활용 기법들을 적절하게 기존 업무에 도입함으로써 스타벅스는 커피숍 체인 관리라는 핵심 사업을 재구축하는 데 성공하고 있다. 이러한 성공은 각각의 기술적 정책을 쌓아 핵심 사업을 레벨업 시키는 'AI 전략'을 수행한 결과이다.

스타벅스의 비즈니스는 경쟁력을 유지하기 위한 데이터의 전략적 활용 방법의 교과서적인 사례이다. 스타벅스는 단순히 세계에서 대량의 뜨거운 음료와 차가운 음료를 판매할 뿐만 아니라 1주일에 1억 건 이상의 거래에서 엄청난 양의 데이터를 수집하고 있다. 이를 활용하여 스타벅스는 로열티 시스템, 결제 카드,

모바일 앱을 조합한 선구자이다.

스타벅스는 데이터에 부족함이 없다. 전 세계 30,000개 이상의 점포를 가지고 일주일에 1억 건 정도 거래를 한다. 회사의 거대한 데이터에서 고객이 무엇을 소비하고, 무엇을 즐기고 있는지를 포괄적으로 파악할 수 있다. 그러나 놀랍게도 거대한 데이터의 가치에 초점을 두게 된 것은 불과 10년 전의 일이다. 이전에도 데이터를 이용하지 않은 것은 아니다. 스타벅스의 경우 2008년 금융위기와 그에 따른 점포의 폐쇄가 있었다. 당시 CEO였던 Howard Schultz 씨가 얻은 교훈은 회사의 데이터를 이용하여 점포의 입지를 결정하는 것이었다. 그 결과 오늘날 스타벅스의 부동산 입지뿐만 아니라 마케팅과 생산 활동에도 영향을 미치고 있다. 또한, 공급망 관리법에 관한 지식에도 영향을 주어 재고는 적게 남고 즉각적으로 물건을 제공하고 있다.

스타벅스가 데이터를 이용하는 강력한 방법 중 하나는 많은 소비자의 구매 습관에서 태어난다. 이렇게 태어난 데이터들은 통찰력을 통해 기존 제품을 변형하는 등 제품 개발 제안에 활용된다. 예를 들어, 15년 전 할로윈에 호박맛 음료를 도입하는 귀여운 아이디어가 있었다. 지금 그 아이디어는 호박에 영감을 받은 세계적인 제품 라인업이 되고 있다. 그런 제품 라인업이 가져온 결과의 하나로, 가을 몇 달 동안 손님이 크게 급증하였다.

[산업데이터사이언스학 진로 로드맵]

구분	고등1	고등2	고등3
자율 활동	또래 도우미 활동	과학관 탐방활동을 통해 스마트 홈과 웨어러블 스마트기기 등을 체험하면서 정보통신 기술을 기반으로 스마트 시티를 구현할 수 있음을 알게 됨.	학급특색활동으로 빅데이터의 한계 및 발전 방향에 대해 토론을 진행함. 데이터는 충분하지만 인간의 심리와 행동 등을 효과적으로 반영하는 데 어려움을 느끼고, '센스 메이킹'을 읽고 통찰력을 기름.
동아리 활동	회로도의 분석과 전류의 흐름을 탐구함. 디지털 숫자를 구현하는 회로를 만들면서 스위칭이 전류를 조절할 수 있음을 알게 됨.	수학시간에 학습한 프랙탈을 프로그래밍하면서 def, for, random 함수 등을 이용해 코흐의 눈송이를 구현하는 등 융합적 사고력을 보여줌. 이후 머신러닝 학습의 필요성을 느끼고 '밑바닥부터 시작하는 데이터과학' 책을 읽고, 데이터 분석과 처리를 더 효율적으로 할 수 있게 되었다고 함.	학생들의 관심사를 알아보고자 analytics 기능을 이용해 유입 검색어, 방문시간 등의 데이터와 설문조사를 통해 관심사를 분석함. 데이터 마이닝에 관해 탐구하면서 회귀분석에 흥미를 느끼고 '프로그래머를 위한 선형대수'를 읽고, 매점 이용시간과 소비량에 대해 선형회귀분석을 함.
진로 활동	진로직업체험활동으로 인공지능과 데이터 분석 강의를 듣고, 컴퓨터를 기반으로 전자 제어와 사물인터넷을 보다 효과적으로 제어할 수 있음을 알게 됨.	빅데이터와 인공지능 특강을 통해 빅데이터의 특징과 처리 과정을 이해하고 '데이터는 자신'이라는 말을 이해하게 되었다고 함. 광범위한 데이터를 분석한 자료가 다양한 분야에 활용되고 있음을 알고, 데이터 분석력이 중요하다고 깨달음.	진로탐색활동으로 경제, 사회 분야를 지망하는 급우들과 함께 데이터를 바탕으로 경제정책이 효과적으로 발휘되었는지 확인하고 분석함.
특기 활동	현대 사회에서 정보관리의 중요성을 이해하고, 'LibreOffice'프로그램을 이용하여 관계형 데이터베이스를 만들어 탐구함.	'문화적 관점에서 바라본 한국의 방역 성공사례 탐구'를 주제로 마스크 착용, 백신 접종 등의 근거를 기반으로 보고서를 작성함.	

[창의적 체험활동]

구분		창의적 체험활동상황
1학년	진로활동	진로직업체험활동으로 인공지능과 데이터 분석 강의를 듣고, 컴퓨터를 기반으로 전자제어와 사물인터넷을 보다 효과적으로 제어할 수 있음을 알게 됨. 사물인터넷을 통해 실시간 정보를 파악하여 마스크 유무 등을 알려줄 수 있음을 알게 되었다고 함.
2학년	자율활동	과학관 탐방활동을 통해 스마트 홈과 웨어러블 스마트기기 등을 체험하면서 정보통신기술을 기반으로 스마트 시티를 구현할 수 있음을 알게 됨. **'스마트 시티 도시 데이터의 상호 연계 촉진을 위한 자율적 데이터 공유 시장 연구'** 자료를 바탕으로 조사하면서 데이터 프라이버시 침해 및 정보의 비대칭에 따른 불균형이라는 역기능이 있지만, 이러한 단점을 블록체인 기술로 극복할 수 있음을 깨닫게 되었다고 함.
	동아리활동	수학시간에 학습한 프랙탈을 프로그래밍하면서 def, for, random 함수 등을 이용해 코흐의 눈송이를 구현하는 등 융합적 사고력을 보여줌. 이후 머신러닝 학습의 필요성을 느끼고 **'밑바닥부터 시작하는 데이터과학'** 책을 읽고, 데이터 분석과 처리를 더 효율적으로 할 수 있게 되었다고 함. 특히, 수학적 아이디어를 프로그래밍으로 어떻게 풀어내는지 이해하는 데 많은 도움을 얻게 되었다고 소감문을 작성함.
3학년	진로활동	빅데이터와 인공지능 특강을 통해 빅데이터의 특징과 처리 과정을 이해하고 **'데이터는 자신'**이라는 말을 이해하게 되었다고 함. 광범위한 데이터를 분석한 자료가 다양한 분야에 활용되고 있음을 알고, 데이터 분석력이 중요하다고 깨달음. 이후 분석된 데이터를 사람들에게 효과적으로 전달하기 위해서는 데이터 시각화가 중요하다는 사실을 깨닫고, 데이터 시각화 툴을 활용하여 분석한 자료를 학생들에게 보여주면서 어떤 것이 직관적으로 이해하는 데 도움이 되는지 파악하는 열정을 보임.
	자율활동	학급특색활동으로 빅데이터의 한계 및 발전 방향에 대해 토론을 진행함. 데이터는 충분하지만 인간의 심리와 행동 등을 효과적으로 반영하는 데 어려움을 느꼈고, **'센스메이킹'**을 읽고 통찰력을 기름. 데이터 이면에 숨어있는 인간 행동에 관심을 가지고 탐색하면서 데이터과학자에게는 인문학적 통찰력도 필요하다는 것을 깨닫게 되었다고 발표함.
	동아리활동	학생들의 관심사를 알아보고자 analytics 기능을 이용해 유입 검색어, 방문시간 등의 데이터와 설문조사를 통해 관심사를 분석함. 데이터 마이닝에 관해 탐구하면서 회귀분석에 흥미를 느끼고 **'프로그래머를 위한 선형대수'**를 읽고, 로지스틱 회귀분석, KNN 근접 알고리즘 등을 배우고 오픈소스를 참고해 프로그램을 구현해봄. 이후 **'매점 이용시간과 소비량'**에 대해 선형회귀분석을 통해 붐비는 시간을 알려주고, 매점에 학생들이 많이 몰리는 시간에 편리하게 이용할 수 있는 방법을 토의하면서 수월한 매점 이용에 도움을 줌.

[교과 세특]

구분		세부내용 및 특기사항
1학년	수학	조원들이 문제를 틀렸을 경우 비슷한 다른 문제를 제시하여 문제해결능력을 신장시키는 데 기여함. 두 수의 합이 5의 배수가 되는 경우를 구하기 위하여 주어진 수들을 나머지에 따라 분류하여 생각함. 그리고 각각의 집단을 집합으로 표현하여 명확하게 구분을 짓는 등 비구조화된 정보를 수학적으로 표현하는데 탁월함.
2학년	수학II	**순서쌍을 찾는 과정이 마치 코딩에서 문제를 해결하는 과정과 유사하다고 판단**하여 코딩을 통한 해결방법을 탐구함. 수학의 조건을 코딩을 위한 수식으로 변환하는 과정에서 수식문장을 if, elif 등의 수식을 활용하여 단순하게 표현함. 수학과 코딩의 공통점을 발견하고 수학적 문제 상황을 소프트웨어를 활용하여 해결하는 모습에서 융합적 탐구능력을 엿볼 수 있었음.
	정보	로봇의 군집 비행에 관심을 가지고 선도추종제어 기법을 4단계로 세분화하여 구조화한 후 각 단계의 기술을 정리하고 그림을 그리면서 설명하여 이해시킴. 선도로봇의 최적경로 생성을 위한 A스타 알고리즘이 장애물과의 가상의 척력을 적용해 최단경로를 생성함을 이해하고 이를 논리적으로 설명함. 이와 관련하여 **'미적분으로 바라본 하루'**를 읽고, 최적경로를 구하는 과정을 이해하게 되었다고 함. A스타 알고리즘을 탐구하여 게임 속에서 마우스를 클릭 시 유닛이 최소 거리로 움직인다는 것을 알려줌.
3학년	기하	벡터를 학습하면서 **'택시 기하학'**을 읽고, 유클리드 기하학과 다른 실용적인 벡터 좌표로 병원, 소방서 등의 위치 및 대중교통 경로 결정에 사용됨을 이해하게 됨. 이를 계기로 실생활에서 최단 경로를 구하는 다익스트라 알고리즘을 추가적으로 학습하며, 벨만포드·프로일드 알고리즘과 A스타 알고리즘을 비교하고 분석하여 탐구함. 이동수업 시 최단거리를 구하여 학생들에게 알려주는 모습을 보여줌.
	미적분	주제 탐구활동으로 **'데이터를 활용한 산업의 변화'**를 주제로 인공지능의 발전으로 인해 학습시키지 않고도 스스로 학습하여 분석할 수 있는 알파고 제로처럼 AI 두뇌 역할을 하는 텐서플로프로세스 유닛도 기존보다 1/11로 줄어들었어도 훨씬 효과적이라는 내용을 수학적으로 분석하여 발표함. 이후 **'수학으로 풀어보는 강화학습 원리와 알고리즘'** 책을 읽고, 다양한 산업 데이터를 수학적으로 탐구하는 모습을 보여줌.

→ 산업데이터사이언스학계열 추천도서와 탐구 주제 찾기

[추천도서]

[탐구 주제 찾기]

과목	단원	탐구 주제
통합 사회	환경문제 해결을 위한 다양한 노력	대기 이미지를 활용한 미세먼지 오염도 추정 탐구
	산업화와 도시화에 따른 문제점 해결방안	빅데이터로 도시문제 해결 사례 탐구
	교통, 통신의 발달과 정보화에 따른 문제점과 해결방안	블록체인 기술을 활용한 진본 확인 탐구
	인구문제와 해결방안	유동인구 데이터를 활용한 복지관 설치 필요성 탐구
	지속 가능한 발전을 위한 노력	데이터 3법 시행에 따른 에너지 데이터 활용 탐구
과학	지구시스템의 에너지와 물질 순환	친환경적인 데이터센터의 에너지효율 탐구
	생물다양성과 보전	데이터를 활용한 생물 다양성 보전법 탐구
	지구 환경변화와 인간생활	AI 분석을 활용한 기후변화 대응방법 탐구
	발전과 지구환경 및 에너지 문제	데이터로 태양광 발전량을 높일 수 있는 방안 탐구
수학	방정식과 부등식(이차방정식과 이차함수)	비정형화된 데이터에서 최솟값을 이용한 최적화 문제 탐구
	함수(여러가지 함수)	재귀함수를 활용한 산업의 변화 탐구 활동
	도형의 방정식(평면좌표)	전자상거래에 활용되는 전자 서면의 좌표평면 원리 탐구

핵심 키워드로 알아보는 산업데이터사이언스학

통신, 네트워크, 시스템, 스마트, 프로그래밍, 차세대, 비주기, 지능, 소프트웨어, 라플라스, 정확, 푸리, 복조, 데이터, 수요자, 스마트폰, 러블, 선형, 인공지능, 사물, 이진, 워치

ⓐ DBpia에서 가장 많이 검색된 논문

　㉠ 득점 수 예측을 기반으로 한 최적의 축구 경기 베팅 분석. 건국대학교
　　 대학원

ⓛ 영상과 텍스트 정보의 결합을 통한 가짜뉴스 탐지 연구 : 유튜브를 중심으로. 국민대학교 일반대학원

ⓒ 스캐너 데이터 기반 물가 변동 분석. 한국은행

ⓔ 보건의료 빅데이터를 활용한 운동과 국민 건강의 관계 분석. 연세대학교 대학원

ⓜ 텍스트 마이닝 분석 방법 비교 연구 : 판매량 및 출간연도에 따른 키워드 비교. 건국대학교 대학원

ⓑ 시사를 활용한 탐구활동

출처 : 사이언스온(https://scienceon.kisti.re.kr/)

논문	대마난류의 유동 특성과 PDO의 관계 분석(2022)
	토픽모델링 기반의 국내외 미래 자동차 연구동향 비교 분석: CASE 키워드⋯(2022)
	코드 가시화 툴체인 기반 UML 설계 추출 및 검증 사례(2022)

특허	영상 빅 데이터의 지능적 마이닝 방법과 처리 시스템(2022)
	국립공원 탐방객을 대상으로 하는 여가 및 휴양 실태조사 장치 및 방법(2022)
	데이터마이닝 기법을 이용한 종합 수질 평가지수의 산정방법(2022)

보고서	컴퓨터 비전기술을 활용한 i-Tree ECO 임목 건강성 평가 기술 개발(2022)
	초분광 영상 기술을 이용한 천일염 내 미세플라스틱 검출 기술 개발(2022)
	폐플라스틱 물질 재활용을 위한 인공지능결합 고속 자동화 선별공정 개발(2022)

동향	UNIST·고신대병원, 한국인 맞춤형 당뇨 발병 예측 모델 개발(2021)
	UNIST, 나사 풀림 감지하는 지능형 금속 부품 개발(2022)
	"미생물로 석유·가스 대체할 '바이오 석유' 만든다"(2021)

출처 : 사이언스온(https://scienceon.kisti.re.kr/)

➡️ 산업데이터사이언스학에서 수강하는 대표 과목

[산업데이터사이언스학과 대학에서 이수하는 교과]

교양필수	창의적 사고와 SW코딩, 일반수학, 선형대수, 경영학원론, 경제학, 회계원론
전공필수 및 전공선택	계산인지과학, 고급파이썬프로그래밍, 데이터사이언스, 딥러닝과학습이론, 딥러닝및응용, 운영체제, 인간컴퓨터상호작용, 인공지능기초, 인공지능베이지안이론, 인공지능융합연구, 인공지능응용설계, 인공지능졸업프로젝트, 인공지능최신이론, 지능형로보틱스, 컴퓨터비전

[산업데이터사이언스학과 진학에 도움이 되는 교과]

교과영역	교과(군)	공통과목	선택 과목	
			일반선택	진로선택
기초	국어	국어	화법과 작문, 독서, 문학, 언어와 매체	심화국어, 고전읽기
	수학	수학	수학 I, 수학 II, 미적분, 확률과 통계	기하, 경제수학, 인공지능 수학
	영어	영어	영어회화, 영어 I, 영어 II, 영어 독해와 작문	진로영어, 영어권문화
	한국사	한국사		
탐구	사회	통합사회	경제, 정치와법, 사회문화, 윤리와 사상	사회문제탐구, 사회과제 연구, 고전과윤리
	과학	통합과학 과학탐구 실험		과학과제탐구, 과학사, 생활과 과학
생활 교양	기술·가정		기술가정, 정보	인공지능 기초, 정보과학, 프로그래밍, 빅데이터분석
	교양		실용경제, 제2외국어 I, 철학, 심리학, 논리학	

※ 별색 : 핵심 권장 과목, 밑줄 : 배우면 좋을 과목

회계 및 세무학계열
진로 로드맵

어떤 성향이
이 계열에 잘 맞을까?

　회계 및 세무학은 인문계열 학생들이 지원한다. 해당 계열을 희망하는 학생들에게는 다른 어떤 과목보다도 수학에 뛰어난 능력, 경제적인 지식, 그리고 타 부서와 협력하는 능력이 중요하다.

　'세무'는 합법적으로 의뢰인의 세금을 적게 내도록 도와주는 일을 한다. 그렇기 때문에 해마다 바뀌는 세법을 알고 있어야 한다. 절세방법뿐만 아니라 세무조사의 과정, 각종 신고와 유의 사항 등에 대해 자문한다. 세무사는 기술적 측면으로 수리 및 경제 요소에 대한 개념이 논리적으로 정립되어 있어야 한다. 성향적인 측면으로는 침착함과 정교함을 가지고 있어야 한다. 직업적 이슈가 대부분 타인의 돈과 관련된 것이기에 단편적으로 문제를 판단하기보다는 의뢰인의 경제적 손실을 줄일 뿐만 아니라 재정 상황의 변동 여부를 파악하기 위해 의뢰인과 내밀한 이야기를 할 수 있어야 한다.

　'회계'는 회사 전체의 자금의 흐름을 한눈에 볼 수 있는 능력이 필요하다. 숫자에 따라 기업에 이익과 손실을 줄 수 있고 자금과 관련된 일을 하기 때문에 꼼꼼함이 중요하다. 관련 업무를 잘 수행하기 위해서는 엑셀을 활용할 줄 알아야 하고, 자금의 흐름을 효과적으로 관리하기 위해 비주얼 베이직을 다룰 수 있다면 기업의 특성에 맞게 업무를 효율적으로 진행할 수 있을 것이다.

　해당 계열을 지망한다면 빠르고 정확한 수학적 계산력이 바탕을 이루어야 한다. 또한 기업의 매출과 재고 등의 보고, 기업의 사업 방향성을 제시할 수 있어야 한다. 이를 위해서는 시대적인 흐름을 읽는 안목이 필요하다. 즉 나무를 보기도 해야 하지만 숲을 보는 마인드가 있어야 한다. 평소 경제신문을 구독하며 기업의 트렌드, 국제 정세를 파악하여 물품 대금을 어떻게 처리해야 기업에 이득이 될지도 파악하는 것이 중요하다.

[세무·회계학계열 진로 로드맵]

구분	중등	고등1	고등2	고등3
자율 활동		학급 특색활동_청소년 세금교실 활동		
		학급 특색활동_진로독서활동		
동아리 활동	경제신문읽기 – 토론동아리	경영경제 시사토론 동아리, 정보동아리(엑셀 통계 등)		
진로 활동		세무/회계 전문가 인터뷰, 시사따라잡기_기업 회계분석, 기업 상장과 IPO 탐구활동		
특기 활동	경제용어 이해하기	청소년 경제금융 이해력 – 틴매경TEST		

고등학교를 입학하기 전 다양한 책과 영상자료를 활용하여 자신에게 적합한 진로를 찾는 것이 무엇보다 중요하다. 중1부터 시작된 자유학기제와 중3 전환기 교육프로그램은 이를 적극 지원하고 있다. 학년 초마다 이루어지는 진로적성검사를 가벼이 여기지 말고, 이들 자료를 누적하여 분석해보는 것을 추천한다.

진로가 결정되면 고교 진학 시 인문, 사회계열 중점학교로 진학을 고려하는 것도 추천한다. 단, 수학에 대한 부담이 덜하다는 이유로 해당 계열을 선택하는 것은 금물이다. 사회계열은 다른 학과에 비해 다루는 수학의 범위가 넓고 실용적인 학문을 지향하기 때문에 수학이 매우 중요하다. 특히, 세무 및 회계학과의 핵심 권장과목으로 확률과 통계, 빅데이터분석이 지정될 정도로 수학적 역량이 중요하다.

2025년 고교학점제가 시행되면 일반선택 및 진로선택과목은 A, B, C 성취도로 성적을 기입하기에 성적으로 학생을 평가하는 데 한계가 있다. 따라서 진로를 먼저 결정하고 경제, 경제수학, 정보, 정보과학 과목을 선택하면 관련된 지식뿐만 아니라 추가적인 활동을 기획하는 데에도 도움이 될 것이다. 구체적인 활동계획을 세우기 위해서 진로 로드맵을 작성하면 어떤 활동에 중점을 두고 활동할 것인지 계획을 세우기 수월하다. 특히, 학기 중에 이뤄지는 여러 교내활동을 학교알리미를 통해 방학에 미리 당겨 준비하면, 시험 기간에 쏟아지는 각종 수행평가를 사전에 대비할 수 있어 정기고사에 보다 효율적인 시간 관리를 할 수 있을 것이다.

진로 로드맵에 자율활동, 동아리활동, 진로활동, 특기활동(독서, 개인별 세특 등)과 관련하여 구체적으로 어떤 활동을 할 것인지 내용을 기록한다면 시간을 효율적으로 활용할 수 있으며, 진로에 맞는 일관된 활동을 할 수 있다. 그러면 비교과에 집중하다 교과성적이 떨어지는 실수를 하지 않을 것이다. 또한 모든 과목선택을 진로와 연계하여 활동하지 않을 것이다. 세무·회계계열에서 융합인재를 선호하는 만큼 다양한 분야에 관심을 가지고 수학과 컴퓨터 기술을 활용하여 보다 전문적으로 탐구한다면 더 좋은 스토리를 만들어낼 수 있을 것이다.

선배들의
진로 로드맵 엿보기

회계학 진로 로드맵

➜ 회계학 합격자 선배들의 진로 로드맵과 세특

KDI 보고서는 '국민연금 기금의 '국내·외' 주식투자 확대→법인세 인하→기업 경쟁력 제고→기업 실적 개선→국민 노후 보장'이라는 논리를 전개하고 있다. 반면 내부 검토에서는 국민연금의 주식투자와 법인세 인하 간의 밀접한 관계를 파악하지 못하고 있다. 법인세 최고세율 인하와 국외기업 경쟁력 제고와의 관련성을 찾기 어려우며, 국민연금 국내 주식 비중은 점진적으로 낮아지기 때문에 오히려 법인세 현행 유지 부작용이 작아지므로 법인세 인하를 반대하는 목소리가 나오고 있다.

법인세 인하를 추진하는 것은 자국기업의 대외경쟁력 확보와 외국기업 유치를 위한 것으로, 주요 선진국들이 경쟁적으로 법인세 인하를 추진하고 있다. 이론적으로는 법인세 인하가 투자 증대 및 해외자본 유입 촉진으로 이어지지만 실제로는 감세 폭, 사회적·제도적 여건, 재정상황 등에 따라 법인세 인하 효과가 상이하게 나타났다. 선진국의 사례를 볼 때 법인세 인하의 성과를 크게 거둔 국가가 있는 반면 법인세 인하 후 경제상황이 더욱 악화된 경우도 있다. 법인세 인하를 추진한 독일, 아일랜드, 캐나다, 호주, 싱가포르를 대상으로 법인세 인하 배경 및 효과를 비교 분석해보니 기업의 세 부담 경감을 통한 소득효과 및 대체효과를 통해 투자를 증가시키며 경제성장을 촉진하는 사례가 있다. 법인세와 같은 자본관련세의 경감은 개인소득세, 노동관련세나 부가가치세 등 소비관련세의 경감보다 성장촉진 및 노동생산성 향상 효과가 더 큰 것으로 나타나고 있다.

소득효과 기업의 세부담 감소에 따른 가처분 소득 증대로 국내 저축과 투자가 확대되어 이것은 기업의 투자여력 증대로 이어진다. 국내보다 외국에서 활용되는 경우, 투자 증대 효과는 불확실해지므로 리쇼어링이 같이 병행되어야 한다. 법인세율 인하는 비법인의 법인화 및 비법인에서 법인으로의 소득 이전을 촉진시킨다. 또한 국가 간 자본이동이 자유로운 상황에서 법인세율 인하는 해외 투자에 비해 국내 투자의 자본비용을 감소시킴으로써 해외 자본의 국내 유입을 촉진시키는 이점이 있다. 글로벌 기업의 입지 선정 시 시장의 크기, 임금수준, 정치·사회적 안정 등 주요 사항을 고려하여 국내로 유입되기 때문이다.

다국적 완성차업체 피아트크라이슬러(FCA) 미국 법인은 올 초 멕시코 공장을 미국으로 옮기기로 했다. 이를 위해 2020년까지 미국 미시간주와 오하이오주 공장에 10억 달러(1조 800억원)를 투자하기로 했다. FCA의 이런 결정은 트럼프 정부의 리쇼어링(해외 진출 기업의 국내 복귀) 정책과 관련이 깊다. 도널드 트럼프 대통령은 자국 내 기업에 법인세를 낮춰주는 동시에 해외 공장 생산제품에는 국경세를 부과하는 강온 양면정책으로 해외 공장의 복귀를 유도했다.

완성차 제조사의 'U턴'은 일본이 한술 더 뜬다. 일본에선 이미 2015년부터 도요타와 혼다, 닛산 등 주요 자동차 대기업이 일본 내 생산을 늘리기로 선언했다. 도요타는 미국 인디애나주 공장에서 생산하는 '캠리' 모델 일부를 아이치현 공장에서, 혼다는 소형차 '피트' 모델 생산 물량 일부를 멕시코에서 사이타마현 공장으로 옮겼다. 아베 정부가 법인세 감면, 연구개발비 투자 지원 등 적극적인 리쇼어링 지원책을 통해 나타난 결과이다.

한국보다 인건비가 훨씬 비싼 미국과 일본이 '리쇼어링' 모범국으로 주목받고 있다. 저임금을 찾아 개발도상국으로 나간 공장을 불러들이는 데 성공하고 있는 것이다. 두 나라의 리쇼어링 정책에는 세제 지원, 규제 완화, 노동시장 유연화라는 세 가지 공통점이 있다. 비싼 인건비를 상쇄하고도 남을 만한 인센티브를 'U턴 기업'에 다각도로 제공한 결과이다.

정책	🇺🇸 미국	🇯🇵 일본	독일
법인세	상한선 인하 (35%→21%)	실효세율 인하 (31.1%→29.9%)	최고법인세율인하 (25%→15%)
인센티브	재개발지역에 리쇼어링 기업이 입주 시 지원금 연 1만~1000만 달러 지급	국가전략특구 입주 기업에 인센티브 지원	구(舊) 동독 지역 입주 기업에 조세 감면·현금 지원
정책 지원	공장 이전비 20% 보조금 지급, 현지 주민 고용 시 1인당 1500~3000달러 세금 감면	고정자산세의 90%를 산업진흥장려금으로 지급, 5년 동안 일부소득공제 혜택, 일부 지방자치단체는 산업직접촉진보조금 지급	자국 이전 기업이 첨단기술 분야에 투자할 경우 연구개발 보조금 지급

출처 : 주요국 리쇼어링 정책비교(중앙일보)

미국 비영리단체 리쇼어링 이니셔티브(Reshoring Initiative) 조사에 따르면 미국에서는 지난해 리쇼어링과 외국인 직접 투자로 17만 1000개의 일자리가 생겼다.

2000~2003년 사이 24만 개의 일자리가 해외로 유출된 것과 정반대의 상황이 펼쳐진 것이다. 일자리 관련 거시 지표에도 일제히 파란불이 켜졌다. 미국 내 제조업 취업자 수는 2010년 1408만 명에서 올해 3월 말 현재 1551만 명으로 늘었고, 같은 기간 실업률은 9.6%에서 4.1%로 5.5%포인트 줄었다.

[회계학 진로 로드맵]

구분	고등1	고등2	고등3
자율 활동	나의 주장 발표활동에서 '우리나라 최저 임금은 개선되어야 하는가?'를 논제로 부익부 빈익빈을 줄이기 위해서는 최저 임금이 상승되어야 함을 강조함.	청렴 실천 포스터 그리기에서 회계사로서 갖춰야 할 기본 소양에 대해 다시 깨닫는 계기가 되었다고 함. 미래 자신의 모습을 상상하며 직업의식을 확고히 하는 계기가 되었다고 함.	학부모 특강에서 회계사와 세무사 특강을 듣고 회계사는 기업의 회계 감사와 경영컨설팅까지 더 포괄적인 업무를 수행할 수 있다는 것을 알게 됨. 감사인과 기업의 유착을 막기 위한 감사인 주기적 지정제가 도입되었음을 알게 됨.
동아리 활동	경영 시사토론활동에서 '담배값 인상'에 대한 논제에서 담배값 인상으로 인한 흡연율 감소, 체질량지수와 몸무게에 미치는 영향을 조사함. 담배값 인상이 흡연으로 인한 건보 지출을 줄일 수 있다는 구체적인 데이터를 기반으로 설득함.	동아리장으로 경영신문을 구독하여 토론할 주제를 선별함. 매점의 필요성을 느끼는 학생들의 의견을 수렴하여 학생들이 선호하는 물건을 파악하여 대량구매로 가격을 낮추어 박리다매 효과를 이해하게 됨.	경제기사 스크랩 발표활동에서 '택스워치' 신문을 활용하여 최근 경영 및 회계 시사를 파악함. 미시경제 퀴즈활동을 통해 동아리원들의 시사 상식을 높이는 데 기여함.
진로 활동	진로 특강으로 '회계는 경영의 언어다'를 주제로 회계를 하는 사람만이 알아볼 수 있는 재무제표가 아닌 일반인도 쉽게 이해할 수 있도록 단순화하는 것이 중요하다는 것을 알게 됨.	국세청 조세박물관을 견학하며 시대별 세무장부를 확인하고, 세금의 종류인 국세와 지방세, 누진세, 비례세 등 경제 수업시간에 배운 내용뿐만 아니라 다양한 세금을 이해하는 데 도움을 얻게 됨.	주제 학습 튜터링을 통해 경영학과 교수님의 강연을 통해 사회 경제학에 대한 내용을 듣고, '사회경제학의 정체성과 현대경제학에 대한 기여와 한계' 자료를 바탕으로 신자유주의 체제의 대안이 사회경제학임을 알게 됨.

특기 활동		한국의 재벌에 관심을 가지고 '재벌, 한국을 지배하는 초국적 자본' 자료를 참고하여 '한국의 자본주의 문제점'을 분석함.	저탄소 녹색성장에 관심을 가지고 관련 사례를 조사하면서 '녹색순환경제'를 주제로 탐구함.

[창의적 체험활동]

구분		창의적 체험활동상황
1 학 년	동아리 활동	경영 시사토론활동에서 **'담배값 인상의 실효성'**에 대한 논제에서 담배값 인상으로 인한 흡연율 감소, 체질량지수와 몸무게에 미치는 영향을 조사함. 담배값 인상으로 흡연율이 감소하는 긍정적인 효과와 체질량지수 증가라는 부정적인 효과로 몸무게가 늘어나는 문제를 해결하기 위해 금연과 체력관리를 통해 비만을 억제할 수 있는 방안 강구가 필요함을 인식함. 흡연으로 인한 건보 지출이 매년 증가하고 있는데, 이는 음주보다 더 많은 비용 지출을 의미한다는 사실을 데이터를 기반으로 제시하여 담배값 인상이 필요함을 강조함.
2 학 년	동아리 활동	동아리장으로 경영신문을 구독하여 토론할 주제를 선별함. **'1인 가구 증가로 세제 및 복지 지원이 필요하다'**는 주제로 1인 가구 연봉 1000만 미만과 3000만원 미만 가구가 21%, 47%에 달할 정도로 경제적 형편이 어려운 가구가 많다는 것을 제시하고 지원이 필요하다고 주장함. 매점의 필요성을 느끼는 학생들의 의견을 수렴하여 학생들이 선호하는 물건을 파악하여 대량구매로 가격을 낮추어 박리다매 효과를 이해하게 됨. 학생들의 대표물건을 선정하기 위해 SNS 설문조사를 활용하여 물품을 선정하고, 대량 구매할 때 할인율을 파악하여 구매하는 등 학생들의 복지에 기여하는 모습을 보임.
3 학 년	동아리 활동	경제기사 스크랩 발표활동에서 '택스워치' 신문을 활용하여 최근 경영 및 회계 시사를 파악함. **'간이과세자와 일반과세자의 차이점과 이점'**을 주제로 표로 정리하여 학생들의 이해를 도움. 간이과세자가 적게 세금을 내어 무조건 이득이 되는것이 아니냐는 동아리원의 질문에 초기 비용과 설비 구입비 등의 비용을 환급받지 못한다는 단점이 있어 소비자를 대상으로 하는지, 기업을 대상으로 하는지에 따라 선정해야 함을 잘 설명함. 미시경제 퀴즈활동을 통해 동아리원들의 시사 상식을 높이는 데 기여하며 재미있게 경영·경제 시사를 이해할 수 있도록 도움.
	진로 활동	주제 학습 튜터링을 통해 경영학과 교수님의 사회 경제학에 대한 내용을 듣고, **'사회경제학의 정체성과 현대경제학에 대한 기여와 한계'** 자료를 바탕으로 신자유주의 체제의 대안이 사회경제학임을 알게 됨. 소득 양극화가 심화되어 이를 해결하는 방안으로 사회경제학이 활용될 수 있음을 소개함. 특히, 4차 산업혁명으로 인한 기술변화, 로봇 도입 등의 구조조정으로 글로벌 수출 대기업과 영세중소기업 간의 경제적 양극화 현상이 심화되면서 성장의 분배효과(trickle down effects)가 사라지고 있는 점에서 새로운 노동 시장 양극화 현상도 심화되고 있다는 것을 이해하고 이를 보고서로 제출함.

[교과 세특]

구분		세부내용 및 특기사항
1학년	통합사회	일상생활에서 세금이 얼마나 중요한 것인지, 우리 생활에서 알 수 있는 세금의 종류와 나아가 우리가 내는 세금이 어떻게 사용되는지 소개하면서 **세금 납부의 중요성**을 알려줌. 나아가 사회주의 국가의 세제 혜택에 대한 비판을 다룬 기사를 보고 문화 상대주의적 입장에서 이해해야 한다는 의견을 제시함.
2학년	경제	경제에 많은 관심을 가지고 수업시간에 경청하며 경제신문을 읽고, 이해한 내용이 맞는지 확인하는 열정적인 학생임. 거꾸로 수업에서 경제학, 경제생활, 경제 문제를 최근 시사 내용과 연계하여 설명하여 급우들을 이해시키는 데 도움을 줌. 영국의 브렉시트를 통해 나타난 여러 경제적인 문제를 분석하고, 실익을 분석하고 이를 정리하여 급우들에게 발표함. 자본주의에 관심을 가지고 **'자본주의의 웃음, 자본주의 눈물'** 책을 읽고 자본주의를 보다 제대로 이해할 수 있었다고 소감문을 제출함.
	국제경제	국제경제 수업에서 세계경제 이슈에 대한 이해도 향상을 위해 뉴욕타임즈 신문을 읽고, 교과서에서 배운 지식을 최근 시사와 연결하여 이해하는 모습을 보임. **'자본주의 변천과정'**을 주제로 초창기 자본주의에서부터 현재 자본주의까지 구체적인 사례를 바탕으로 이해하고, 앞으로 세계 자본주의 질서가 어떻게 변화될 것인지 조사하여 이를 소개하는 활동을 함. 이 자료를 위해 **'경제학 콘서트'** 책을 참고하고, **'자본주의 역사와 지배구조의 진화'** 자료를 참고하여 발표함.
3학년	영어독해와 작문	과제수행 활동에 적극적으로 참여하며, 질문에 영어로 유창하게 답변하는 모습을 보여줌. 영어듣기 연습에 자율적으로 참여하며, 학기 중 8회에 걸친 영어 듣기평가에서 높은 성적을 유지함. 자신의 꿈을 소재로 상평통보의 모양을 형상화한 창의적인 작품을 작성하여 학생들에게 소개하며 돈의 중요성을 알려줌. 진로에세이 작성 활동으로 **'다국적 기업들의 조세회피 실태와 방지 방안'**을 주제로 법인세와 상속세 문제를 외국의 사례를 기준으로 조사하여 해결안을 제시하고, 학생들의 이해를 돕기 위해 그림자료를 함께 보여주며 쉬운 영단어로 설명함.
	세계지리	세계화와 지역화 단원을 학습하며 국가 간의 경계가 모호해지는 현상을 이해하고, **지역경제발전의 필요성**을 제기함. 코로나 기간 지역화폐가 지급되어 지역경제를 활성화하는 데 기여한 결과를 데이터를 바탕으로 제시함. 조세회피 지역을 표시하고 이 위치를 지구본에서 쉽게 찾을 정도로 지리정보에 높은 관심을 가짐. 구글 지도 서비스와 국내 지도 데이터가 어떤 차이점이 있는지 소개하면서 지형을 보다 잘 이해하기 위해서는 거리뷰를 제공하는 것이 얼마나 유용한지 시연을 통해 정보를 제공함. 특히, 서울시 스마트서울맵을 바탕으로 지도 데이터를 통해 다양한 정보를 제공하여 보다 편리하게 업무를 처리할 수 있다는 것을 알려줌.

회계학계열 추천도서와 탐구 주제 찾기

[추천도서]

[탐구 주제 찾기]

과목	단원	탐구 주제
통합 사회	자본주의와 합리적 선택	분식회계로 드러난 문제점 탐구
	시장경제에서 시장 참여자들의 역할	회계투명성이 기업에 미치는 영향 탐구
	자산관리와 금융 생활 설계	학교 법인 자산관리를 통한 자립성 확보 탐구
	자원과 지속가능한 발전	공유가치창출을 통한 기업 가치 상승 방안 탐구
통합 과학	신소재의 개발과 이용	반도체 신소재 개발로 얻는 기업 가치 상승 탐구
	지구환경변화와 인간생활	탄소세가 기업에 미치는 영향 탐구
	생명시스템에서의 정보의 흐름	생물정보학을 바탕으로 한 신약개발 이점 탐구
	전기에너지의 생산과 수송	전력 수송에서 손실되는 에너지량 탐구
수학	함수(여러가지 함수)	생활 속 연령대 취업률, 실업률, 물가지수를 활용한 경제 지표 분석 및 실생활 사례 탐구
	경우의 수(경우의 수와 순열)	벤포드 법칙을 활용한 회계 분석 탐구
	방정식과 부등식(여러가지 방정식)	R프로그램을 활용한 최적화 문제 해결 탐구

➡ 핵심 키워드로 알아보는 회계학

회계학, 파이낸스, 공인회계사, 전문가, 회계감사, 관리직, 보험, 세무, 영리, 세무사, 재무회계, 투자자, 증권, 마케팅, 경영학, 공인, 균형, 산학연, 융합, 글로벌

ⓐ DBpia에서 가장 많이 검색된 논문

　㉠ ESG 평가요소와 기업가치의 관계에 관한 연구. 한국전산회계학회

　㉡ 비재무적 정보가 기업성과에 미치는 영향 : ESG 점수를 중심으로. 한국국제회계학회

　㉢ 회계투명성 제고를 위한 분식회계 실태분석. 한국국제회계학회

　㉣ 블록체인에 의한 분산형 원장 처리 기법의 탐색적 사례연구 : IBM Bluemix 블록체인을 이용하여. 한국전산회계학회

ⓜ 온라인 리뷰가 온라인 쇼핑행동에 미치는 영향. 한국국제회계학회

ⓑ 시사를 활용한 탐구활동

회계학

회계 문제를 전문적으로 연구하는 학문

재무

회사의 재정상태를 점검하고 보고함으로써 경영자에게 필요한 의사결정을 돕는 기구

회계감사

타인이 작성한 회계기록에 대하여 독립적 제3자가 분석적으로 검토하여 그의 적정 여부에 관한 의견을 표명하는 절차

출처 : 사이언스온(https://scienceon.kisti.re.kr/)

논문	소셜미디어가 회계정보 공시의 외연을 확장하는가?(2022) 양도소득세 1세대 1주택 비과세의 개선 방안 : 이연과세 도입을 중심으로(2022) 재무적 특성, ESG 역량이 전략적 일탈과 기업가치의 관계에 미치는 영향(2022)
특허	듀얼 블록체인 시스템을 이용한 회계정보 관리 수단(2022) 클라우드 기반의 세무회계 전산 시스템 및 그것을 이용한 처리 방법(2019) 인공지능을 이용한 블록체인 기반 회계 관리시스템(2019)
보고서	기후변화에 따른 기업 재무상태 변화 예측분석 서비스(2021) SW제품의 기술가치 및 기업가치에 대한 시장평가 적용조사 및 개선방안연구(2020) 의회·행정부 관계와 예산권한 배분에 관한 연구(2018)
동향	프랑스, 블록체인 기술을 통한 금융거래 반독점 정책 실시(2019) IT시스템 통제에 실패를 겪고 있는 싱가포르 정부 사례 조사(2017) 소프트웨어가 회계사 대신한다(2016)

출처 : 사이언스온(https://scienceon.kisti.re.kr/)

→ 회계학에서 수강하는 대표 과목

[회계학과 대학에서 이수하는 교과]

교양필수	경영학원론, 경제학원론, 경영통계, 회계원리
전공필수 및 전공선택	간접세회계, 감사사례연구, 경영정보론, 경영통계, 경영학원론, 고급회계, 관리회계, 기업법, 마케팅원론, 법인세회계, 세무입문, 세무회계, 세무회계사례연구, 소득세회계, 운영관리, 원가관리회계입문, 원가회계, 재무관리, 재무제표분석, 재무회계, 재무회계사례연구, 정부회계, 중급회계, 현장실습, 회계감사, 회계감사사례연구, 회계와경제, 회계원리, 회계이론, 회사법판례연구 등

[회계학과 진학에 도움이 되는 교과]

교과영역	교과(군)	공통과목	선택 과목	
			일반선택	**진로선택**
기초	국어	국어	화법과 작문, 독서, 문학, 언어와 매체	심화국어, 고전읽기
	수학	수학	수학I, 수학II, 미적분, 확률과 통계	기하, 경제수학, 인공지능 수학
	영어	영어	영어회화, 영어I, 영어II, 영어 독해와 작문	진로영어, 영어권문화
	한국사	한국사		
탐구	사회	통합사회	경제, 정치와법, 사회문화, 윤리와 사상	사회문제탐구, 사회과제 연구, 고전과윤리
	과학	통합과학 과학탐구 실험		과학사, 생활과 과학
생활 교양	기술·가정		기술가정, 정보	인공지능 기초, 정보과학, 프로그래밍, 빅데이터분석
	교양		실용경제, 제2외국어I, 철학, 심리학, 논리학	

※ 별색 : 핵심 권장 과목, 밑줄 : 배우면 좋을 과목

➡️ 세무학 합격자 선배들의 진로 로드맵과 세특

많은 청년들이 대외활동이나 공모전을 하는데, 이때 받는 상금 대부분이 기타소득으로 분류된다. 연간 기타소득의 총합이 300만 원을 넘지 않는다면 홈택스 자동 불러오기가 되지 않기에 해당 항목을 놓쳐 세금신고를 제대로 하지 않아 환급을 받지 못하는 경우가 발생한다. 마찬가지로 프리랜서로 활동하면서 낸 세금이 있는데 소액이라고 생각하고 세금신고를 하지 않는 경우 환급을 받지 못하는 경우가 있다. 5년 이내 기타소득에 대한 경정청구를 진행하면 얼마정도의 금액을 환급받을 수 있다.

평소 대외활동을 즐겨 하는 대학생이라면 경정청구를 통해 추가로 환급받을 수 있다. 이는 숨겨진 비상금을 찾은 기분일 것이다. 많은 청년이 기타소득으로 세금을 내는 만큼 제도를 정비해 종합소득세 신고기간 때 모두 조회된다면, 그만큼 환급을 받을 수 있는 것이 많아질 것이다.

이처럼 일부 항목을 누락해 환급받아야 할 금액보다 적게 환급받았을 경우 경정청구를 통해 돌려받을 수 있다. 반면에 공제항목을 잘못 적용하거나 신고를 적게 해 세금을 많이 돌려받거나, 내야 할 세금을 적게 냈을 때는 수정신고를 통해 바로잡을 수 있다. '세금을 더 많이 돌려받거나 적게 냈다면 가만히 있는 게 좋은 거 아닌가?'라고 생각하면 큰 오산이다. 국세청에서는 정기신고 기간 이후 환급한 세금과 납부된 세금을 모니터링하는데 이때 과소신고나 과다환급이 발견되면 가산세까지 더해 청구하기 때문이다. 따라서 신고 기간이 지났다고 하더라도 수정신고를 통해 이를 바로잡는 것이 좋다. 신고는 최대한 빠르게 진행하는 것이 좋은데 법정 신고기한 경과 후 2년 이내까지 빨리 신고할수록 더 많은 가산세를 감면받고 해당연도 세금 신고를 마무리할 수 있다.

한편 경정청구의 경우 법정 신고기한이 지난 뒤 5년 이내까지 청구할 수 있고, 종합소득세와 다르게 한 번의 청구만으로 지방소득세까지 자동으로 계산되어 환급이 진행된다. 관할 세무서에서는 경정청구에 대해 두 달 이내에 신고자에게 결과를 알려주게 되어있지만, 빠르면 1주 이내에 결과 통보와 환급까지 진행된다.

세금 신고를 바로잡는 경정청구와 수정신고는 온라인 홈택스 홈페이지에 접속하거나 세무서를 직접 방문해 처리할 수 있다. 성실한 납세와 신고는 선진 국민의 기본 의무다. 신고 착오로 잘못 신고된 항목이 없는지, 내가 돌려받은 세금이나 이미 낸 세금이 잘못되지 않았는지 홈택스를 방문해 확인해보면 좋다.

[세무학 진로 로드맵]

구분	고등1	고등2	고등3
자율 활동	모의국회활동으로 조세소위원회에서 활동함.	세계시민교육을 통해 지속가능한 발전 목표인 3D프린팅 의수 제작 및 기부 프로그램에 참여함.	학급특색사업으로 '경제와 기업 탈세'를 주제로 조세 포탈과 기업의 역외탈세에 대해 조사하고 관련 사례를 정리해 영상으로 제작 및 홍보함.
동아리 활동	근로기준법이 일부 개정되어야 할 필요성을 인식하고 이를 동아리원들과 토의하여 개정안을 만듦.	진로탐색활동으로 '세무행정에서의 블록체인 기술 적용 방안'을 주제로 탐구함.	기업 윤리에 대해 토론하며 사회적 기업의 변질을 막기 위한 법적·제도적 장치를 조사함.

진로 활동	공유경제 특강에 참여하여 사회적 기업과 사회적 기업 경영의 필요성을 깨닫게 됨.	진로탐색활동으로 '사회적 경제의 효과와 기업 사례'를 주제로 탐구함.	'9급 공무원, 최저 임금보다 낮다' 기사를 읽고 최저 임금의 법률적 문제점을 탐구함.
특기 활동	회계 분야에 대한 관심을 토대로 '원리합계를 이해하는 데 필요한 기본적인 금융 지식'을 발표함.	미국의 금리 인상이 한국경제에 미치는 영향과 대응방안을 조사하여 발표함.	

[창의적 체험활동]

구분		창의적 체험활동상황
1 학 년	동아리 활동	근로기준법이 일부 개정되어야 할 필요성을 인식하고 이를 동아리원들과 토의하여 개정안을 만듦. **'근로기준법 적용제외 조항의 위배사항'**이라는 주제로 이 조항은 평등권을 위배하는 조항이라고 주장하면서 가장 많이 보호돼야 할 노동자는 영세 사업장에서 일하는 노동자들인데, 기업 규모가 5인 미만 사업장에서 일하면 보호를 받기 힘들다는 단점을 소개함. 한국노동연구원이 발표한 **'4인 이하 사업장 실태조사'**를 살펴본 후, 2016년 기준 4인 이하 사업장 노동자 임금은 월 138만원으로, 전체 노동자의 4분의 1이 근로기준법을 제대로 적용받지 못하고 있다고 분석하면서 개정안을 제출함.
2 학 년	동아리 활동	진로탐색활동으로 **'세무행정에서의 블록체인 기술 적용 방안'**을 주제로 탐구함. 탈세로 인한 문제와 현금결제까지 모두 파악하기 힘든 문제를 보완할 수 있는 방안으로 블록체인 기술을 적용한 디지털 화폐를 예로 들었고, 이를 활용한다면 탈세를 예방하고 더 많은 세금을 걷을 수 있어 재정 안정성을 확보함과 동시에 사회보장 서비스를 확대할 수 있음을 데이터를 기반으로 표를 만들어 정리하여 발표함.
	진로 활동	진로탐색활동으로 **'사회적 경제의 효과와 기업 사례'**를 주제로 탐구함. 일자리 창출과 경제 활성화 두 마리 토끼를 잡을 수 있는 방법으로 사회적 경제 기업이 더 많이 나와야 한다는 것을 기업의 성공 사례를 같이 소개하며 알려줌.
3 학 년	자율 활동	학급특색사업으로 **'경제와 기업 탈세'**를 주제로 조세 포탈과 기업의 역외탈세에 대해 조사하고 관련 사례를 정리해 영상으로 제작하고 홍보함. '상속세 무서워 회사를 판다'는 기사를 읽고, 상속세로 가업 승계가 힘든 다양한 사례와 조세 포탈지역으로 본사 이전 등의 사례를 소개하면서 세부담으로 인해 발목이 잡히지 않도록 조세를 확보할 수 있는 방안이 필요하다고 영상을 제작하여 발표함.
	진로 활동	'9급 공무원, 최저 임금보다 낮다' 기사를 읽고 최저 임금의 법률적 문제점을 탐구함. 이를 위해 **'최저임금제도의 문제점과 사회적 갈등 해소 방안'** 자료를 참고하여 중소기업과 영세자영업 부문의 고용감소 등 부작용이 커지자 사업주에 대한 일자리안정자금 지원 등의 보완점을 제시하였지만, 근본적인 대책이 되지 못함을 깨달음. 물가상승률과 성장률을 고려하지 않고 로봇이 도입되어 1인 기업으로 운영되는 문제점을 강조하며, 최저임금 상승이 고용률을 낮추는 문제점을 야기한다고 분석함.

[교과 세특]

구분		세부내용 및 특기사항
1 학년	통합 사회	**'비례세와 누진세 중 어느 쪽이 공평할까'**를 주제로 토론하며 딱딱할 것만 같은 세금 문제에 흥미를 가짐. 친구들은 대부분 소득 수준에 관계없이 누구나 같은 비율로 징수되는 세금이 공평하다고 생각했지만, 소득 재분배의 역할을 위해 소득이 커질수록 높은 세율을 적용하는 누진세가 더 공평하다는 것을 깨닫게 되었다고 함.
2 학년	경제	법과 경제, 경영 분야를 두루 배우면서 국가의 세금정책과 사회적 기업에 대한 관심을 가지고 경제·사회적 이슈를 세무의 관점에서 탐구하는 모습을 보임. 특히, 기업의 부조리를 파헤치고, 세금 탈세를 하지 못하도록 제도적인 보완 장치가 필요하다는 것을 깨닫고, 외국의 사례를 조사하는 열정을 보임. **블록체인 기술에 관심을 가지고 조세 정의를 실현하는 시스템을 개발**하여 사회적 약자도 도와줄 수 있는 시스템이 되도록 노력하겠다고 포부를 밝힘.
	수학II	원리합계를 학습한 후, **'원리합계를 이해하는 데 필요한 기본적인 금융 지식'**을 주제로 발표를 진행함. 단리와 복리의 차이점을 표로 만들어 학생들에게 복리 상품 가입을 알려주었으며, '초', '말'에 대한 정의를 잘 알고, 그에 따른 이자가 달라진다는 것을 소개하여 약관 확인의 중요성을 알려줌.
	생활과 윤리	윤리적 소비를 학습한 후 윤리적 소비가 실제 사회에 미치는 영향에 대해 탐구함. **'청소년의 윤리적 소비 인식 조사'**를 주제로 친구들을 인터뷰하고 설문조사를 진행했는데, 기부로 연결되는 과정이 불투명하다고 생각하여 윤리적 소비를 실천하지 않는 학생들이 많았음. 기부 내역과 영업 이익 대비 기부액 공개를 통해 이를 해결할 수 있다고 생각했지만, 사회적 가치 실현뿐만 아니라 소비자에게 신뢰를 줄 수 있는 사회적 기업 경영이 필요함을 깨닫고 사회적 기업 경영에 관심을 가지고 **'ESG시대의 사회적 가치와 지속가능경영'**, '사회적 가치 비즈니스' 도서를 읽는 열정을 보임.
	법과 정치	기업의 조세 포탈이 심각한 사회문제를 야기한다는 사실을 학습한 후, 국내와 해외의 법인세를 비교해보며 경제 강대국들은 기업의 투자 유치를 위해 법인세를 인하하는 추세지만, 우리나라는 높은 법인세를 고수하고 있다고 설명함. 특히, **법인세 인하는 기업이 윤리경영을 하는 데 기여**할 수 있다고 주장하며 세계의 흐름에 맞는 조세정책이 필요하다고 강조함. '국세청, 탈세 포상금 지급률이 낮다'는 기사를 읽고, 외국의 사례를 조사하여 비교하고 분석함.
3 학년	화법과 작문	**'기업의 사회적 약자 고용 의무화 정책의 정당성 및 실효성'**을 주제로 한 토론활동에서 **'사회적 취약계층 고용으로 인한 기대효과'** 자료를 참고하여 사회적 약자의 사회생활을 장려하였더니 기업에 긍정적인 변화가 생기고 ESG경영에 의해 제품을 구매하는 사람들이 많아져 윈윈할 수 있는 정책이 될 수 있었음을 사례를 들어 소개함.

3학년	사회문화	'상속세 절세를 위한 행위의 윤리적 정당성'을 주제로 한 토론활동에서 찬성 측 입장에서 주장을 펼치며 이중과세가 될 수 있다는 점과 상속받은 재산이 많을수록 종합부동산세나 종합금융소득세 등으로 세금을 내기에 절세할 수 있는 시스템이나 상속세가 없는 시스템도 필요하다고 강조함. 세무공무원은 세금을 많이 거두기 위해 존재하는 것이 아니라 세금을 정당하게 걷어 사회에 환원할 수 있도록 기여하는 사람임을 국민들도 인식하여 편하게 상담할 수 있어야 함을 인식함.

→ 세무학계열 추천도서와 탐구 주제 찾기

[추천도서]

[탐구 주제 찾기]

과목	단원	탐구 주제
통합 사회	자본주의와 합리적 선택	분식회계를 시인하고 경정청구로 세금을 되돌려 받는 것이 정당한지를 탐구
	시장경제에서 시장 참여자들의 역할	이중과세 사례 탐구
	자산관리와 금융 생활 설계	손실된 펀드 세금 부과 타당성 탐구
	자원과 지속가능한 발전	재활용 폐자원 세금 공제 탐구
통합 과학	신소재의 개발과 이용	신기술 연구개발 지원금 필요성 탐구
	지구환경변화와 인간생활	탄소세 필요성 탐구
	전기에너지의 생산과 수송	친환경에너지 적극 사용 장려를 위한 세금 지원 방안 탐구
수학	방정식과 부등식(여러가지 방정식)	세금에 관련된 최신 이슈 탐구(증여세, 법인세, 개별소비세, 재산세, 부동산세 등)
	함수(여러가지 함수)	소득세와 공제율에 대한 효율적인 방법 탐구
	함수(유리함수, 무리함수)	로렌츠 곡선을 활용한 소득 분포의 불균형 탐구

➡ 핵심 키워드로 알아보는 세무학

세무, 조세, 회계, 재정학, 세법, 법학, 국세청, 재정부, 재정기획부, 경제학, 법인, 글로벌, 조세법, 세무사, 국책, 세무회계, 회계사

ⓐ DBpia에서 가장 많이 검색된 논문

ㄱ 전국 대학 세무학과 현황 및 발전방안. 한국조세연구포럼

ㄴ 모범납세자에 대한 사후관리가 조세순응에 미치는 영향 : 조건부 보상과 탈세 시 제재강화를 중심으로. 한국국제회계학회

ㄷ 상속세 및 증여세법상 국외 비상장주식 평가방법의 문제점과 개선방안. 서울시립대학교 세무전문대학원

ⓔ 세무학 전공자의 진로결정 및 수정에 관한 연구. 한국경영학회

ⓜ 산업체와 학생의 세무학 교육 인식 비교-K대학의 사례. 한국산업융합
학회

ⓑ 시사를 활용한 탐구활동

세무학
회계학적 사고와 세법의 이론을 바탕으로 경제학·경영학·법학·전산학 분야의 인접학문을 연구하여 이를 세무관련 업무에 적용할 수 있는 세무인력을 양성하기 위한 학과

재무
회사의 재정상태를 점검하고 보고함으로써 경영자에게 필요한 의사결정을 돕는 기구

회계감사
타인이 작성한 회계기록에 대하여 독립적 제3자가 분석적으로 검토하여 그의 적정 여부에 관한 의견을 표명하는 절차

출처 : 사이언스온(https://scienceon.kisti.re.kr/)

논문

법인세율 변화가 벤처 및 중소기업 가치에 미치는 영향(2022)

조세회피, 유상증자 및 법인세 유연화의 관련성(2022)

ESG가 이익조정, 조세회피 및 재무성과에 미치는 영향에 관한 연구(2022)

특허

인공지능을 활용한 경영지원 플랫폼 시스템(2019)

클라우드 기반의 세무회계 전산 시스템 및 그것을 이용한 처리 방법(2020)

전문가를 통한 온라인 여신 중개를 위한 운영시스템 및 그 방법(2013)

보고서

기후변화에 따른 기업 재무상태 변화 예측분석 서비스(2021)

창업생태계 선순환을 위한 연쇄창업가 지원방안 연구(2016)

창업생태계 선순환을 위한 연쇄창업가 지원방안 연구(2015)

	프랑스, 블록체인 기술을 통한 금융거래 반독점 정책 실시(2019)
	인공지능에 '올인'한 세계 IT업계(2017)
동향	인공지능이 내 돈을 관리한다?(2016)

출처 : 사이언스온(https://scienceon.kisti.re.kr/)

➡ 세무학에서 수강하는 대표 과목

[세무학과 대학에서 이수하는 교과]

교양필수	경영학원론, 경제학원론, 세무학개론, 경영통계, 회계원리, 조세행정론, 세무행정론
전공필수 및 전공선택	세무회계, 세무회계원리, 소득세법, 외국세법, 정부회계, 조세경제론, 조세법연습, 조세법총론, 조세와 헌법, 조세와물권법, 조세와민법총칙, 조세와채권법, 조세와행정법, 조세정책, 거시조세론, 고급세무회계, 관세법, 국제조세법, 국제조세의현황과과제, 미시조세론, 법인세법, 부가가치세법, 상사법, 상속세및증여세법, 세무경영론, 세무학개론, 세무회계, 조세징수및처벌법, 조세통계, 조세행정론, 조세헌법, 지방세론, 지방세법 등

[세무학과 진학에 도움이 되는 교과]

교과영역	교과(군)	공통과목	선택 과목	
			일반선택	진로선택
기초	국어	국어	화법과 작문, 독서, 문학, 언어와 매체	심화국어, 고전읽기
	수학	수학	수학I, 수학II, 미적분, 확률과 통계	기하, 경제수학, 인공지능 수학
	영어	영어	영어회화, 영어I, 영어II, 영어 독해와 작문	진로영어, 영어권문화
	한국사	한국사		

탐구	사회	통합사회	경제, 정치와법, 사회문화, 윤리와 사상	사회문제탐구, 사회과제 연구, 고전과윤리
	과학	통합과학 과학탐구 실험		과학사, 생활과 과학
생활 교양	기술·가정		기술가정, 정보	인공지능 기초, 정보과학, 프로그래밍, 빅데이터분석
	교양		실용경제, 제2외국어I, 철학, 심리학, 논리학	

※ 별색 : 핵심 권장 과목, 밑줄 : 배우면 좋을 과목

보험학 진로 로드맵

➡ 보험학 합격자 선배들의 진로 로드맵과 세특

2022년 하반기 국내 보험사들의 가장 큰 이슈였던 지급여력(RBC)비율 관리 이슈가 최근 해소 조짐을 보이면서 올해 적용될 킥스(K-ICS) 비율 관리모드로 스탠스를 전환하는 보험사들이 늘고 있다. 금융당국의 지원방안과 최근 국고채 금리 안정화 추세가 맞물리면서 RBC비율 이슈는 상당 부분 해소되었다.

최근 금융당국이 책임준비금적정성평가(LAT) 잉여액의 40%를 채권금리 급등으로 발생한 매도가능증권 평가손실과 상계할 수 있는 길을 터주면서 2021년 1분기 RBC비율 급락을 겪었던 보험사들의 위기도 일단은 진정되는 모양새다. RBC비율이 금융당국의 권고치인 150%를 하회해 충격을 줬던 NH농협생명의 경우 자체적인 자본확충 노력과 당국의 지원책 덕분에 RBC비율이 '131.5→180.3%'로 50%포인트가량 증가하여 안정성을 확보하였다.

보험업법에서 정한 최저한도인 100%이하로 RBC비율이 급락했던 DGB생명의 RBC비율은 84.5%에서 165.8%로 수직상승했다. 이는 보험업법 기준은 물론 금융당국의 권고치도 충족하는 수준이다. 여기에도 DGB생명이 1천500억원 규모의 유상증자를 실시한 데 더해, 당국의 제도 개선으로 평가손실 리스크가 크게 줄어든 점이 주로 작용했다.

최근 국고채금리가 안정화되고 있는 점도 평가손실 리스크를 관리하는 데 긍정적으로 작용하고 있다. 특히, 금리가 다시 크게 튀더라도 LAT잉여액이 늘어 평가손실 상계규모가 커지는 구조인 만큼 현행 제도에서는 리스크 관리가 가능하다고 판단하고 있다.

국고채 금리 레벨이 낮아지고 있는 점은 당장의 건전성 관리에는 긍정적이지만, K-ICS제도 하에서는 재차 자본확충 부담으로 이어질 개연성이 크다. 금리가 낮아질 경우 건전성이 개선되는 현행 RBC제도와는 달리 K-ICS에서는 정반대의 양상이 나올 가능성이 있기 때문이다. 원칙적으로 자산·부채관리(ALM)를 통해 자산과 부채의 듀레이션(채권의 자금이 회수되는 평균만기) 및 현금흐름을 정확하게 맞춰놨다면 금리가 어떻게 변하더라도 K-ICS 하에서 건전성에 미치는 영향은 거의 없다. 하지만 부채의 듀레이션이 긴 보험사들이 대부분이라는 점을 고려하면 금리가 하락할 경우 자본이 줄어 K-ICS비율에도 '악영향'이 불가피하다.

자본확충 전략이 과거와 달라져야 하는 이유인 셈이다. K-ICS비율 또한 RBC비율과 마찬가지로 법정 기준인 100%를 충족해야 금융당국의 시정조치 등을 피할 수 있게 된다. 주된 자본확충 수단 중 하나인 신종자본증권(영구채) 활용이 어려워지는 점도 부담스러운 대목이다. K-ICS 하에서는 스텝업 조항이 있는 영구채의 경우 기본자본 산입이 불가능하다. 이를 만회하기 위해 보험업계에서도 조건부자본증권(코코본드) 도입을 요구하는 목소리가 커지고는 있지만, 이를 위한 법적 근거를 담은 보험업법 일부개정안은 아직 통과되지 않고 있다.

금리 인상에 따른 저축성 보험이 인기를 얻고 있다. 과연 저축보험 가입이 이득일까? 보험은 은행의 예·적금과 달리 굉장히 복잡하게 설계돼 있다. 은행·증권사 관계자조차도 보험상품이 어렵다고 말할 정도로 약관을 꼼꼼히 읽어도 일반인들은 이해하기 어렵다. 문제는 이러한 상품을 설계사의 짧은 설명만 듣고 가입하다 보니 종종 안타까운 사례가 발생하기도 한다.

보험사는 이러한 불완전판매를 방지하기 위해 나름의 방지책을 마련해뒀다. 가입 직후 청약서 부본과 보험에 대한 설명을 상세히 기록한 약관을 전달하고 계약 체결 30일 이내, 보험 증권 수령 15일 이내 청약을 철회할 수 있는 장치를 마련해뒀다. 또한 청약철회 기간 내에 전화 등으로 보험상품의 중요사항이나 판매 절차를 제대로 이해했는지를 묻는 '해피콜제도'를 시행하고 있다. 이 과정을 통해서도 불완전판매가 걸러지지 않을 경우를 대비해 품질보증제도도 운영한다. 보험계약 시 불완전 판매 행위가 발생하면 보험 계약이 성립된 날로부터 3개월 이내에 계약을 취소할 수 있는 권리로 보험 계약자가 품질보증 해지 권리를 행사해 계약을 취소하면 납입한 보험료와 이자를 전부 돌려받을 수 있다.

또한 상품에 대한 기본적인 이해도 필요하다. 보험상품 중 가장 분쟁이 많이 발생하는 것이 저축성보험이다. 보험업법에 따르면 저축성보험이란 만기 환급금이 납입한 보험료보다 많은 상품을 일컫는다. 저축성보험 중 하나인 저축보험은 위험보장기능과 저축기능을 결합한 상품이다. 보험기간 중 사망할 경우 사망보험금을 지급하고, 만기까지 생존하면 만기보험금을 지급한다. 연금보험의 경우 피보험자의 종신 또는 일정기간 동안 정해진 금액을 지급하는 상품으로, 통상 은퇴 후 생활비를 마련하기 위해 가입한다.

저축성보험은 장기 투자할수록 은행의 상품보다 이율이 높고 비과세 혜택도 있지만, 조기 해지 시 원금 손실 가능성이 크다는 단점이 있다. 이러한 이유로 전문가들은 최소 10년 이상 장기적으로 상품을 유지할 수 있으면 저축성보험을 추천하지만, 단기간 효율적으로 자산을 운용하고 싶다면 은행 상품이 유리하다고 입을 모은다. 세부적으로 살펴보면 저축성보험은 금리와 비슷한 개념인 공시이율을 적용하는데, 일반적으로 은행의 예·적금보다 이율이 1~2%포인트 높다. 공시이율은 보험사의 운용자산이익률, 국고채·회사채 금리 등이 반영된다.

저축성보험은 5년 이상 납입하고 10년 이상 계약을 유지하면 비과세 혜택도 적용된다. 은행의 적금은 만기 시 이자소득세 15.4%가 부과된다. 통상 저축성보험의 해지환급금이 적금보다 많아지는 기점도 약 10년 이상인 것으로 알려졌다. 이러한 이유로 대부분의 저축성보험은 조기에 해지할 경우 원금손실 위험이 있다. 가입 시 설계사에게 주기별 해지환급금을 확인하면 조기 해약이 얼마나 손해를 보는지 알 수 있다.

[보험학 진로 로드맵]

구분	고등1	고등2	고등3
자율 활동	수학 멘토링 참여	학급 실손보험 가입현황 탐구	학급특색사업으로 국민연금이 바닥이 날 것을 대비하여 연금보험에 가입할 필요성을 수학적으로 토의하여 정리하는 모습을 보임.
동아리 활동	'車 보험료 매년 오르는 이유' 기사를 읽고 그 이유를 조사함. 심화 수학문제를 동아리원들과 풀이하면서 다양한 풀이법을 익힘.	실손보험을 가입하는 것이 과연 현명한 선택인지 이를 표로 정리하여 가입하지 않는 것이 더 좋다고 급우들에게 알려줌.	실용수학의 경제생활 단원을 중심으로 일반고와 특성화고 교과서 내용을 비교 분석함.
진로 활동	수학과 관련된 학과 탐방, 직업인과의 만남의 시간에 보험계리사에 대해 알아보고 해외에서 인기가 있는 이유를 조사하여 소감문을 제출함.	캐롯보험을 이용할 때 몇 km를 운행하는 것이 유리할지 탐구, 계리사 직업인 인터뷰 진행	진로탐색활동으로 '보험수학' 강의를 수강하고 생존분포와 생명표, 종신연금, 순보험료, 순보험료 준비금 계산 등 통계적으로 의사결정에 필요한 추정과 가설 검정 이론을 공부한다는 것을 알게 됨.
특기 활동		교과 융합프로젝트로 '보험 설계에 적용한 수학'을 주제로 탐구함.	보험사에서 운영하는 영구채의 장점과 단점을 조사함.

[창의적 체험활동]

구분		창의적 체험활동상황
2학년	동아리 활동	**'실손보험 가입하는 것이 과연 현명한 선택인지'** 이를 표로 정리하여 가입하지 않는 것이 더 좋다고 급우들에게 알려줌. 젊을 때는 납입을 해도 받는 것이 별로 없으며, 연령이 증가하여 의료비를 받으면 받은 만큼 갱신보험료도 같이 올라가는 문제가 있고 암처럼 큰 질병에 걸릴 경우 본인부담 초과 의료비는 돌려주는 등 건강보험이 잘 되어 있어 차라리 연금보험에 넣는 것이 더 유리하다는 것을 알려줌. 특히, 국내 총 진료비는 2009~2014년 동안 연평균 7.5%가 증가했고 연평균 물가상승률 2.66%에 비해 5%p정도 더 상승하여 연령의 증가에 따른 갱신보험료는 더 빠르게 증가할 것이라고 분석함.

2학년	진로활동	진로탐색활동으로 '**캐롯보험을 이용할 때 몇 km를 운행할 때 유리할지**'를 탐구함. 주행거리가 연 15,000km 이하의 운전자일 경우 보험료 절감 효과가 가장 크다는 것을 주행거리에 따른 표로 정리하여 결론을 도출함. 특히, 주중에는 대중교통을 이용하고 주말에만 차를 이용하거나 아이 등하교를 주로 하는 운전자에게 추천한다는 것을 구체적으로 알려줌.
3학년	자율활동	학급특색사업으로 '**국민연금이 바닥이 날 것을 대비하여 연금보험을 가입할 필요성**'을 주제로 수학적으로 토의하여 정리하는 모습을 보임. 2020년 국회예산정책처 분석에서는 고갈 시기가 2055년으로 일반 국민들의 노후 소득 보장을 위해 가입하여 수급자 수는 2007년 말 200만명, 2011년 말 300만명, 2015년 말 400만명, 2019년 500만명, 2021년 600만명을 돌파할 정도로 수급자가 100만 명씩 증가하는 동안 출산율은 지속적으로 감소하여 고갈 시기는 더 빨라질 것이라고 분석함. 젊은 세대는 더 내고 덜 받는 구조가 될 것이며, 100세 이상을 살 확률이 높기에 별도로 연금보험을 가입하는 것을 추천함.
	진로활동	진로탐색활동으로 '**보험수학**' 강의를 수강하고 생존분포와 생명표, 종신연금, 순보험료, 순보험료 준비금 계산 등 통계적으로 의사결정에 필요한 추정과 가설 검정 이론을 공부한다는 것을 알게 됨. 이후 학부과정의 보험계리 프로그램과 대학원 석사과정의 보험계리 프로그램의 차이점을 비교하고 분석하면서 국제 계리사 자격증을 취득하기 위해서는 대학원과정을 이수해야 함을 깨닫게 되었다고 소감을 발표함.

[교과 세특]

구분		세부내용 및 특기사항
1학년	통합사회	주제발표활동으로 '**진단기기 발달로 갑상선 암 발생률 지속 상승**' 기사를 보고, 갑상선 결절은 초음파에서 정상 성인에게 많이 발견되며, 부검 시 50%이상 발견될 정도로 흔한 질병이며, 대부분은 양성이고 약 5~15%만 갑상선암으로 진단되기에 수술적인 치료보다 비수술적 치료가 필요하다고 발표함. 고주파와 레이저를 활용하여 절제하는 방법으로 치료가 가능하고 바로 일상생활을 할 수 있는 방법을 소개함.
2학년	경제	'**코로나-19 이후 보험산업의 전망**'에 대해 탐구함. 코로나로 인해 양적완화로 소비자 물가 상승하고 지속적인 인플레이션으로 경제성장률이 둔화될 것이라고 분석하며 보험 가입률도 줄어들 것이라고 예측함. 특히, 기준금리 인상으로 주가는 하락하고 저축보험보다 은행에 저축하는 경향이 더 높아질 것이라고 분석하며 생명보험 산업의 저성장 장기화는 불가피하다고 분석하고, 자유롭게 입출금할 수 있는 연금상품을 개발할 필요성이 있다고 주장함.

2 학 년	개인별 세특	교과 융합프로젝트로 **'보험 설계에 적용한 수학'**을 주제로 탐구함. 고객의 기대수명과 현재 나이, 각 질병에 걸릴 확률, 물가 상승률, 은행 이자율 등의 변수를 고려하여 연립 방정식으로 풀이하면서 고객들에게 지급할 보험금을 미리 예상하고 그 돈을 현재가치 로 환산한다는 것을 잘 설명함. 인공지능의 발전으로 AI와 빅데이터를 도입하여 고객의 행동 패턴과 어떤 보험 상품을 선호하는지, 고객이 보험을 해지하지 않고 유지하는 비율 등을 분석하는 등 손실을 최소화하고 고객을 유지하는 방법에도 활용이 되고 있다는 것 을 알게 되었다고 함.
3 학 년	실용 수학	주제 발표활동으로 **'실용수학의 경제생활 단원을 중심으로 보험수학의 교과서 내용 비 교'**를 주제로 분석하여 발표. 일반고 실용수학보다 특성화고 실용수학 내용이 금융이 나 보험회사에서 다루는 수학을 보다 자세하게 다루어 이를 일반고에서도 배울 수 있도 록 교과내용을 변경하거나 관련 교육을 들을 수 있도록 기회를 제공하는 것이 중요하다 고 강조함. 특히, 특성화고 실용수학은 곧바로 보험관련 직종으로 취업했을 때 실무에 도움이 되기에는 부족하기에 실용수학 실습이라는 별도의 과목이 개설되면 더 좋겠다 는 의견을 제시함.

➡ 보험학계열 추천도서와 탐구 주제 찾기

[추천도서]

  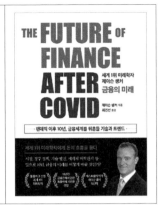

[탐구 주제 찾기]

과목	단원	탐구 주제
통합 사회	자본주의와 합리적 선택	모럴해저드 보험 사례 탐구
	시장경제에서 시장 참여자들의 역할	자율주행차 보험 설계 탐구
	자산관리와 금융 생활 설계	변액저축보험 문제점 탐구
	자원과 지속가능한 발전	자원거래를 위한 보험 탐구
통합 과학	신소재의 개발과 이용	신소재 응용 보험 탐구
	지구환경변화와 인간생활	탄소세와 탄소배당 탐구
	생명시스템에서의 정보의 흐름	선천적 질환자 치료를 위한 보험 가입여부 탐구
	전기에너지의 생산과 수송	신재생에너지 보급을 위한 보험 필요성 탐구
수학	경우의 수(경우의 수와 순열)	보험률을 결정하는 과정 조사 및 나이에 따른 올바른 보험 설계 탐구
	방정식과 부등식(여러가지 방정식)	경제지표 변화에 따른 위험관리지표 변화 분석

➡ 핵심 키워드로 알아보는 보험학

보험, 증권, 금융, 금융자산, 금융시장, 계약법, 금융중개이론, 가격결정이론, 금융기관, 이자율이론, 금융자산, 법규, 자산

ⓐ DBpia에서 가장 많이 검색된 논문

    ㉠ 대한치과보험학회 설문조사. 대한치과보험학회

    ㉡ 환율변동이 한국 5대 신산업의 중국수출입상품에 미치는 영향 분석 :
        원달러, 엔달러, 위안화달러환율을 중심으로. 목포대학교 대학원

    ㉢ 평균잔여수명함수의 비모수적 추정. 한국데이터정보과학회

    ㉣ 보험학에 있어 인과관계론의 재조명. 한국경영학회

    ㉤ 50년간 보험학회 손해보험법 분야 리뷰. 한국보험학회

ⓑ 시사를 활용한 탐구활동

출처 : 사이언스온(https://scienceon.kisti.re.kr/)

보고서

다차원 자료의 예측분석을 위한 종속관계 모델링과 보험에의 응용(2022)

경험기반(빅데이터) 알고리즘의 재난 대응 AI Advisor 플랫폼 기술개발(2021)

가상화 기반 모바일 앱 보안 시스템(2020)

동향

AI로 보험사기 막을 수 있을까?(2021)

데이터 시대, 마이데이터 산업의 지피지기(知彼知己)(2021)

마이데이터 실증서비스 8개 선정…의료·교통 등 5개 분야(2021)

출처 : 사이언스온(https://scienceon.kisti.re.kr/)

➡️ 보험학에서 수강하는 대표 과목

[보험학과 대학에서 이수하는 교과]

교양필수	경영학원론, 경제학원론, 경영통계, 보험경영론, 회계원리, 재무회계
전공필수 및 전공선택	PBL과역량계발, 경영정보시스템, 경제원론, 계리리스크관리, 계리리스크관리세미나, 계리모형론, 계리토픽세미나, 계리프로그래밍, 고급금융보험수학, 금융공학, 금융보험방법론, 금융보험수학, 금융보험연구, 논리역량, 마케팅관리, 보험계리모델링, 보험계리학연습, 보험법, 보험수리학, 보험수리학연구, 수리통계이론, 연금수리학, 재무관리, 전략경영론, 중급계리모형론, 중급보험수리학, 중급회계, 증권투자론, 회계정보의이해 등

[보험학과 진학에 도움이 되는 교과]

교과영역	교과(군)	공통과목	선택 과목	
			일반선택	진로선택
기초	국어	국어	화법과 작문, 독서, 문학, 언어와 매체	심화국어, 고전읽기
	수학	수학	수학Ⅰ, 수학Ⅱ, 미적분, 확률과 통계	기하, 경제수학, 인공지능 수학
	영어	영어	영어회화, 영어Ⅰ, 영어Ⅱ, 영어 독해와 작문	진로영어, 영어권문화
	한국사	한국사		

탐구	사회	통합사회	경제, 정치와법, 사회문화, 윤리와 사상	사회문제탐구, 사회과제 연구, 고전과윤리
	과학	통합과학 과학탐구 실험		과학사, 생활과 과학
생활 교양	기술·가정		기술가정, 정보	인공지능 기초, 정보과학, 프로그래밍, 빅데이터분석
	교양		실용경제, 제2외국어I, 철학, 심리학, 논리학	

※ 별색 : 핵심 권장 과목, 밑줄 : 배우면 좋을 과목

금융수학 진로 로드맵

➡ 금융수학 합격자 선배들의 진로 로드맵과 세특

금융지주회사에서 디지털 금융에 발맞추어 빅데이터, 인공지능, 블록체인 관련 핀테크 퀀트 수요가 증가하고 있다. 핀테크 회사는 지급결제 위주의 비즈니스에서 금융빅데이터, 트레이딩 로직 개발, 로보어드바이저까지 분야를 확장하고 있다. 그래서 금융수학을 전공하면서 인공지능에 관련된 지식까지 가지고 있는 인재를 선호하고 있는 실정이다. 또한 금융공기업과 금융감독원에서도 이를 담당하는 기관에서는 파생상품 분석인력을 채용하고 있다. 이는 글로벌 규제에 대응해야 하고, 파생상품을 모니터링하고, 규제정책을 세우고 집행을 시행해야 하기 때문이다. 그뿐만 아니라 금융자산평가회사, PWC 등의 컨설팅회사에서 파생상품 평가인력과 글로벌 규제 컨설팅을 수행하는 데이터분석 인력을 필요로 하고 있어 수요는 더욱 증가하고 있다.

카이스트(KAIST), 서울대, 포스텍(POSTECH) 수학과의 금융수학 전공 출신

자들이 퀀트 지식에 금융 빅데이터와 금융 딥러닝 지식을 습득하여 리스크 관리, 결제 계산, 트레이딩 로직을 개발하여 로보어드바이저를 통해 객관적이면서 빠르게 주문과 판매를 할 수 있도록 도와주고 있다.

금융수학 분야로 취업하기 위해서는 파생상품 가격결정, 리스크관리 퀀트업무가 주 업무이기에 파생상품 가격결정 모형과 트레이딩 결정 모형, 리스크 관리 퀀트 설계 및 머신러닝, 금융 딥러닝 모형을 제작할 수 있는 프로그래밍 능력과 공인재무분석사(CFA), 국제재무위험관리사(FRM)와 같은 자격증이 있으면 유리하고, 관련 업무를 수행할 수 있다.

출처 : Quant Job Interview(https://anyflip.com/lewvy/prgj)

퀀트의 종류	내용
데스크 퀀트	트레이더가 직접 사용하는 가격결정 모델 구현
모델검증 퀀트	가격 모델을 구현하는 프론트 오피스 모델 검증
프론트 오피스퀀트	금융자산 가격계산을 위한 모델 개발 및 관리
리서치 퀀트	가격 결정을 위한 새로운 접근 방식을 연구
퀀트 디벨로퍼	금융분야 개발자 및 프로그래머
통계적 차익거래 퀀트	데이터 패턴을 식별, 자동매매 로직개발
캐피털 퀀트	은행의 신용노출 및 자본요구사항 모델링

[금융수학 진로로드맵]

구분	고등1	고등2	고등3
자율 활동	수학 멘토링에 참여함.	수학 멘토링에 참여함.	학급특색사업으로 수학적 모델링을 이용한 금융상품 설계 사례를 탐구함.
동아리 활동	환율을 고려한 여행상품 만들기 활동에서 동일한 상품이라도 국가별로 가치가 다르다는 것을 통화가치와 환율의 관계를 들어서 잘 설명함.	세금의 종류와 과세 표준에 따른 세금 계산 문제에 관심을 가지고 손흥민 선수의 세금을 어떻게 처리하는지 조사함. 단리와 복리를 이용한 이자와 원리합계를 설명함.	다양한 AI 로보어드바이저가 투자자의 성향, 자산 배분, 거시경제, 산업과 종목 지표를 분석하여 어느 정도의 이익을 내는지 탐구함.
진로 활동	수학과 관련된 학과 탐방	진로탐색활동으로 AI퀀트 프로그램의 장단점을 비교하고 탐구함. 퀀트 직업인 인터뷰를 진행함.	진로탐색활동으로 퀀트 패러다임의 변화에 대해 궁금증을 가지고 탐구함.
특기 활동		교과 융합프로젝트로 경제와 수학 교과를 활용하여 상속세의 불합리적인 문제를 제기하며 상속 취득세의 도입이 필요하다고 주장함.	

[창의적 체험활동]

구분		창의적 체험활동상항
1 학 년	동아리 활동	환율을 고려한 여행상품 만들기 활동에서 동일한 상품이라도 국가별로 가치가 다르다는 것을 **통화가치와 환율의 관계**를 들어 잘 설명함. 미국의 제재와 코로나-19로 외화난을 겪고 있는 이란의 환율이 낮아 사우디와 비교하여 여행계획을 세워 총 예산을 비교하고 분석하여 환율이 여행상품 개발에 미치는 영향을 이해하기 쉽게 설명함.
2 학 년	동아리 활동	**세금의 종류와 과세 표준에 따른 세금 계산 문제**에 관심을 가지고 손흥민 선수의 세금을 어떻게 처리하는지 궁금하여 조사함. 소득이 발생한 국가에 세금을 납부하고, 국내 비거주자면 소득세 납세의무가 없다는 것을 알게 됨. 단, 국내에서 광고료를 받은 경우 광고 소득은 원천징수를 한다는 것을 알고, 이를 바탕으로 유튜브로 수익이 발생할 경우의 세금 문제를 정리하여 알려줌.
	진로 활동	진로탐색활동으로 **'방정식이 곧 돈이다'** 기사를 읽고, AI 퀀트 프로그램의 장단점을 비교 탐구함. 블랙숄즈 방정식을 이용하여 1년 뒤의 가치를 계산하여 은행에서 빌려야 하는 돈과 살 주식의 양을 결정한다는 것을 알게 됨. 관련된 일을 수행하기 위해 필요한 지식을 조사함. 선형대수학, 수치해석, 편미분방정식 등이 필요하다는 것과 MATLAB, C 언어가 필요하다는 것을 알고 이를 공부하여 꿈을 이루고 싶다는 포부를 밝힘.
3 학 년	동아리 활동	다양한 AI 로보어드바이저가 투자자의 성향, 자산 배분, 거시경제, 산업과 종목 지표를 분석하여 어느 정도의 이익을 내는지 탐구함. **'AI 로보어드바이저를 통한 ETF 추천 서비스'** 자료를 참고하여 LSTM을 활용하고, 감성지수를 기반으로 한 새로운 주가 예측 모델을 확인하고, 이에 따른 **수익률을 산업 분야별로 확인하여 가능성을 비교하고 분석함**. 이를 바탕으로 모의주식 투자를 통해 높은 수익을 얻으면서 감정지수에 기반한 예측 모델링에 높은 관심을 가짐.
	진로 활동	진로탐색활동으로 **퀀트 패러다임의 변화**에 대해 궁금증을 가지고 탐구함. 데이터베이스에 대한 이해를 위해 SQL, R과 Python에 대해 중상급 이상의 지식을 가지고 금융 데이터과학을 통해 파생상품과 관련된 금융컨설팅을 진행하여 수익률을 창출하고 있다는 것을 알게 됨. 보다 자세한 내용을 이해하고자 '퀀트의 세계' 책을 통해 위험도 분석, 사기 감지, 보험상품 분석 등을 고려하여 리스크 관리를 잘하는 것이 중요하다는 것을 알게 됨.

[교과 세특]

구분		세부내용 및 특기사항
1 학 년	수학	지수 및 로그함수 그래프를 그리고 정의역과 치역을 정확하게 구할 수 있음. 정의역과 치역의 특성을 파악하여 그래프에서 갖는 의미를 설명할 수 있으며, 지수함수와 로그함수가 지나는 점을 찾고, 밑의 범위에 따라 함수가 지나는 몇 개의 점을 찾아 상관관계를 도출하고 이를 이용해 그래프를 그려낼 수 있음. 수행과정에서 모르는 부분은 망설임 없이 질문하고 친구들과 활발히 소통하였으며, 본인 수준보다 난이도가 높은 과제도 적극적으로 해결하려는 태도를 보이는 발전이 기대되는 학생임.
	정보	공학적 도구를 적절히 활용하고 발표 내용에 대한 깊이 있는 이해를 바탕으로 개념을 어려워하는 급우에게 논리적으로 설명하는 모습이 돋보임. 평소 코딩에 관심이 많아서 수업에서 접한 여러 가지 개념을 적용해 함수의 그래프 개형을 분석해보면서 활용 능력을 키워나감. 주제 발표활동으로 **Desmos를 활용하여 2차원 그래프 개형**을 그려 급우들의 이해도를 높여주었으며, **Geogebra로 3차원 그래프를 통해 상수의 변화에 따라 그래프의 개형이나 교점이 어떻게 변화하는지 구체적으로 비교**하여 설명함.
2 학 년	통계	평소 타인의 의견을 경청하여 개선점 및 추가점에 대한 아이디어를 구체화하고, 생각을 명료화하는데 도움을 주는 등 친구들과 활발히 소통하며 문제를 해결하는 능력이 뛰어남. 실생활 상황에서 표본 추출의 원리를 설명하고, 모평균을 추정하여 정확하게 해석함. '생활 속의 통계적 추정'이라는 주제로 일일 스마트폰 사용 시간에 대한 온라인 설문지를 제작하고, 수집된 설문 결과를 통계 처리하여 실태를 파악하여 발표하는 데 주도적인 역할을 담당함. 모집단과 표본 개념에 대한 이해도가 높아서 설문 결과를 통계 프로그램으로 처리하여 자료를 그래프로 표현하고, 자료를 통해 얻은 표본평균을 활용하여 모평균을 정확하게 추정함. 그래프 분석 결과로 문제점 해결을 위한 대안을 모색하는 등 정보 처리역량이 뛰어난 학생임.
	개인별 세특	교과 융합프로젝트로 '전 세계 상속세 1위' 기사를 읽은후 상속세의 불합리적인 문제를 파악하고, 현행 상속세는 전체 유산을 대상으로 세금을 부과하여 누진과세로 인해 많은 세금을 부과해야 한다는 점과 기업의 주식을 상속받을 경우 기업 경영권의 침해를 받을 수 있다는 문제를 파악함. 각자 **상속받은 만큼의 금액에 대한 세금을 내는 상속 취득세의 도입이 필요**하다고 주장함.
3 학 년	경제 수학	수와 생활 경제 단원에서 세금의 개념을 이해하고, **희망 연봉에 따른 세금 계산하기 활동**에서 우리나라 종합소득세 세율표를 토대로 세금 계산을 실시하여 연봉 8천 8백만원이 넘을 경우 35%의 세금을 낸다는 것을 확인함. 실효세율로 인해 근로소득공제금액, 인적공제, 특별소득공제 등을 뺀 금액인 종합소득 과세표준에 세율을 곱하면 산출세액이 크지 않다는 것을 확인함. 특히, '고소득 1인가구 세금 느는 속도, OECD 34국 중 1위'일 정도로 1인 가구가 늘어나는 시대적인 상황을 고려하여 세금 체계가 변경되어야 함을 주장함.

➡️ 금융수학계열 추천도서와 탐구 주제 찾기

[추천도서]

[탐구 주제 찾기]

과목	단원	탐구 주제
통합 사회	자본주의와 합리적 선택	분식회계로 드러난 문제점 탐구
	시장경제에서 시장 참여자들의 역할	회계투명성이 기업에 미치는 영향 탐구

통합 사회	자산관리와 금융 생활 설계	학교 법인 자산관리를 통해 자립성 확보 탐구
	자원과 지속가능한 발전	공유가치창출을 통한 기업 가치 상승 방안 탐구
통합 과학	신소재의 개발과 이용	반도체 신소재 개발로 얻는 기업 가치 상승 탐구
	지구환경변화와 인간생활	탄소세가 기업에 미치는 영향 탐구
	생명시스템에서의 정보의 흐름	생물정보학을 바탕으로 신약 개발의 이점 탐구
	전기에너지의 생산과 수송	전력 수송에서 손실되는 에너지량 탐구
수학	방정식과 부등식(여러 가지 방정식)	AI를 활용한 소비컨설팅 분석을 통한 투자 예측탐구
	함수(여러가지 함수)	푸리에 함수를 활용한 음성인식 AI 암호 체계 탐구
	경우의 수(경우의 수와 순열, 조합)	통장이나 카드, 인증서 비밀번호를 해킹할 수 있는 수의 조합과 방지할 수 있는 확률 탐구

➡️ 핵심 키워드로 알아보는 금융수학

금융, 수학, 적분, 응용문제, 리만, 편성, 미분, 함수열, 체스, 코시, 극한, 수리, 방정식, 확률, 행렬식, 해석학, 정적분, 미적분학, 파생, 성질, 편미분, 행렬, 확률분포, 연립, 수열, 대수학, 연속함수, 삼각급수

ⓐ DBpia에서 가장 많이 검색된 논문

ㄱ 한국 수학교육 및 연구의 문제점과 정책적 대응방안. 과학기술정책연구원

ㄴ 금융수학과 현대 재무이론. 한국산업응용수학회

ㄷ 엔터테인먼트산업수학의 활성화 방안. 한국엔터테인먼트산업학회

ㄹ 고등학교 〈경제 수학〉 과목의 금융 분야에 대한 비판과 제언. 대한수학교육학회

ㅁ 고등학교 문과 수학과 대학 경상계열 전공학문과의 연계성. 한국학교수학회

ⓑ 시사를 활용한 탐구활동

금융수학
금융공학 또는 계산 재무론은 수학적 분석 도구를 이용하여 금융시장을 분석하는 학문

금융공학
금융공학 또는 계산 재무론은 수학적 분석 도구를 이용하여 금융시장을 분석하는 학문

기술금융
전문평가기관의 객관적 평가를 통해 기술력은 물론, 지식재산권(IP), 동산금융 등 혁신금융을 적극 지원하는 것

출처 : 사이언스온(https://scienceon.kisti.re.kr/)

논문	Gohr의 Speck32/64 신경망 구분자에 대한 분석과 Simon32/64에의 응용(2022)
	가우시언 과정의 회귀분석과 금융수학의 응용(2022)
	Callable 주가연계상품에 대한 가치평가 연구 : Monte Carlo simulation…(2020)
특허	블록체인을 통한 결정론적 유한 오토마타(DFAs) 구현을 위한 시스템 및 방법(2019)
	기업 간 동반성장 지원시스템(2013)
	개인자산관리 솔루션제공서버(2020)
보고서	자유경계문제와 금융에서의 응용(2021)
	인공신경망의 수학적 분석과 고차 수치 해법 연구(2022)
	유한 시간에서 실물옵션에 대한 고찰(2022)
동향	"푸는 데 1천조년 걸릴 양자내성암호, 공공부문 적용 추진한다"(2021)
	핀테크를 이끄는 AI가 금융산업 변화 선도(2021)
	AI가 사람의 사고패턴을 학습해도 될까(2018)

출처 : 사이언스온(https://scienceon.kisti.re.kr/)

➡ 금융수학에서 수강하는 대표 과목

[금융수학과 대학에서 이수하는 교과]

교양필수	프로그래밍 기초, 금융개론, 금융수학, 고급미적분학, 금융IT프로그래밍
전공필수 및 전공선택	P-실무프로젝트, 계산금융, 고급미적분학, 금융IT보안, 금융IT프로그래밍, 금융개론, 금융공학, 금융수학개론, 금융투자와 리스크 관리, 기계학습, 미분방정식, 빅데이터와 정보과학, 선형대수, 소프트웨어 활용 실습, 수리정보분석, 수치해석, 암호학과 정수론, 위상수학, 응용수학특강, 정보보호개론, 정보이론, 통계학, 파생상품론, 핀테크, 해석학, 확률론 등

[금융수학과 진학에 도움이 되는 교과]

교과영역	교과(군)	공통과목	선택 과목	
			일반선택	진로선택
기초	국어	국어	화법과 작문, 독서, 문학, 언어와 매체	심화국어, 고전읽기
	수학	수학	수학I, 수학II, 미적분, 확률과 통계	기하, 경제수학, 인공지능 수학
	영어	영어	영어회화, 영어I, 영어II, 영어 독해와 작문	진로영어, 영어권문화
	한국사	한국사		
탐구	사회	통합사회	경제, 정치와법, 사회문화, 윤리와 사상	사회문제탐구, 사회과제 연구, 고전과윤리
	과학	통합과학 과학탐구 실험		과학과제탐구, 과학사, 생활과 과학
생활 교양	기술·가정		기술가정, 정보	인공지능 기초, 정보과학, 프로그래밍, 빅데이터분석
	교양		실용경제, 제2외국어I, 철학, 심리학, 논리학	

※ 별색 : 핵심 권장 과목, 밑줄 : 배우면 좋을 과목

PART
4

무역 및 통상학계열
진로 로드맵

어떤 성향이
이 계열에 잘 맞을까?

고등학교에서 무역과 통상학을 희망하는 학생들이 예전보다 줄어들었다. 2020년 1월 1단계 무역합의로 1년 반 동안 이어져 온 미·중 간 무역전쟁이 일단락되는 듯하였으나, 양국 간 갈등은 무역을 넘어 정치, 외교, 기술 등 다방면으로 확대되었으며, 무역에서도 상호 의존도 감소 현상이 나타났다. 미국의 무역에서 중국이 차지하는 비중은 무역전쟁 이전인 2017년 16.6%에서 2022년 상반기 13.5%로 하락했으며, 같은 기간 중국의 대미 무역 비중도 14.3%에서 12.5%까지 감소했다. 특히, 미국의 수입에서 중국이 차지하는 비중이 21.9%에서 17.3%로 감소 폭이 4.5%p에 이르며 하락세가 두드러졌다.

'무역(貿易, trade)'이란 재화와 서비스의 자발적인 교환이다. 무역을 가능케 하는 메커니즘을 시장이라고 한다. 무역은 나라 간, 지역 간의 교환을 포함하는 개념인 반면에, 교역이나 통상은 주로 나라 간의 교환만을 한정하는 개념이다. 무역의 초창기 형태는 재화와 서비스를 직접 교환하는 물물교환이었다. 시간이 지나 근대의 상인들은 보통 화폐와 같은 교환 수단을 통해 협상을 하기 시작했다. 그 결과 사는 것(buying)과 파는 것(selling), 버는 것(earning)이 분리되었다. 화폐의 발명은 무역을 크게 단순화시키고 촉진하게 되었다. 무역은 단순히 기업에만 적용되는 것이 아니라 목표를 두고 구성된 조직 내에서 성취를 위한 활동도 포함한다. 마케팅만이 아니라 인사 및 조직관리, 생산 관리, 재무 및 회계, 정보의 관리, 금융 및 법률 등의 다양한 지식을 습득해야 한다.

'통상'은 법, 제도적 측면을 강조한 전문적 표현으로 국가와 정부 사이의 경제활동을 포함하는 용어이다. 통상조약이라는 말은 있지만 무역조약이라는 말은 잘 사용하지 않는데, 통상조약은 국가 간에 무역과 교통 등의 경제교섭을 하면서 필요한 대우를 약속하는 광범위한 국제적 계약을 말한다. 국제무역은 주로 단기적 거래 특성이고 국제통상은 중장기적 교역 특성을 말한다. 국제무역은 미시적인 거래를 뜻하는 용어이며, 국제통상은 거시적인 거래를 뜻하는 단어로 중장기적인 거래를 의미한다.

해당 계열을 지망한다면 빠르고 정확한 수학적 계산력을 바탕으로 국제 간의 거래를 통해 국가 및 기업의 이득을 계산할 줄 알아야 한다. 또한 ESG경영으로 친환경에너지, 반도체, 배터리 등 과학기술 지식을 가지고 이를 분석해야 한다. 평소 시시각각 변하는 국제 정세와 경제 흐름을 이해하고 이에 관심을 가지고 탐구하면 좋을 것이다.

[무역·통상학계열 진로 로드맵]

구분	중등	고등1	고등2	고등3
자율 활동		학급 특색활동_무역 분석 모둠활동		
		학급 특색활동_진로독서활동		
동아리 활동	경제신문읽기 – 토론동아리	무역전쟁 및 관세 시사토론 동아리, 빅데이터 및 통계학 동아리		
진로 활동		무역 독서 및 전문가 인터뷰, 시사따라잡기_영상자료분석, 인문학 독서활동		

고등학교를 입학하기 전 다양한 책과 영상자료를 활용하여 자신에게 적합한 진로를 찾는 것이 무엇보다 중요하다. 중1부터 시작된 자유학기제와 중3 전환기 교육프로그램은 이를 적극지원하고 있다. 학년 초마다 이루어지는 진로적성검사를 가벼이 여기지 말고, 이들 자료를 누적하여 분석해보는 것을 추천한다.

진로가 결정되면 고교 진학 시 사회계열 중점학교뿐만 아니라 과학중점학교에서 수학을 활용하여 탐구하는 모습을 보여주는 것이 중요하다. 사회계열은 다른 학과에 비해 다루는 수학의 범위가 굉장히 넓기 때문에 수학이 굉장히 중요하다. 특히, 경영 및 경제학과의 핵심 권장과목인 확률과 통계, 미적분을 지정할 경우 수학적 역량을 보여줄 수 있다.

2025년 고교학점제가 시행되면 일반선택 및 진로선택과목은 A, B, C 성취도로 성적을 기입하기에 성적으로 학생을 평가하는 데 한계가 있다. 따라서 진로를 먼저 결정하고 경제, 경제수학, 국제경제 과목을 선택하면 관련된 지식뿐만 아니라 추가적인 활동을 기획하는 데에도 도움이 될 것이다. 구체적인 활동계획을 세우기 위해서 진로 로드맵을 작성하면 어떤 활동에 중점을 두고 활동할 것인지 계획을 세우기 수월하다. 특히, 학기 중에 이뤄지는 여러 교내활동을 학교알리미를 통해 방학에 미리 당겨 준비하면, 시험 기간에 쏟아지는 각종 수행평가를 사전에 대비할 수 있어 정기고사에 보다 효율적인 시간 관리를 할 수 있을 것이다.

진로 로드맵에 자율활동, 동아리활동, 진로활동, 특기활동(독서, 개인별 세특 등)과 관련하여 구체적으로 어떤 활동을 할 것인지 내용을 기록한다면 시간을 효율적으로 활용할 수 있으며, 진로에 맞는 일관된 활동을 할 수 있다. 그러면 비교과에 집중하다 교과성적이 떨어지는 실수를 하지 않을 것이다. 또한 모든 과목을 진로와 연계하여 선택하지 않을 것이다. 무역·통상계열에서도 융합인재를 선호하는 만큼 다양한 분야에 관심을 가지고 빅데이터 기술을 활용해 보다 전문적으로 탐구한다면 더 좋은 스토리를 만들 수 있을 것이다.

국제통상학 진로 로드맵

➡ 국제통상학 합격자 선배들의 진로 로드맵과 세특

미국 재무부는 한 달 동안 IRA 내 청정에너지 인센티브와 관련하여 6개 분야(친환경차 세액공제, 청정제조시설 투자 및 첨단제조 세액공제, 건물 에너지 효율화 세액공제, 청정발전 세액공제, 세액공제 현금화, 임금 수습 요건)에 대해 진행했다. 한국이 미국에 보낸 의견서를 보면, 우선 미국 내 투자가 예정된 기업에 대해선 친환경 차 세액공제 관련 요건을 3년간 유예하는 것을 제안했다. 또한 일부 조립 공정을 북미에서 진행해도 최종 조립 요건이 충족되도록 '최종 조립' 정의를 완화된 방식으로 해석하도록 요구했다.

한국 기업들의 달성 가능성을 고려한 배터리 요건도 구체화했다. 광물 요건으로 배터리 광물 조달 국가 관련 'FTA 체결국' 범위를 넓게 해석하고, 광물 조달 비율은 개별 광물 단위로 각각 판단하는 것이 아닌 광물 전체 가치 기준으로 판단할 것을 제안했다. 부품조달 비율은 개별 부품 단계별 부가가치로 판단하는 것이 아닌 부품 전체의 부가가치 기준으로 판단하고, 부품조달 비율 계산 시 광물 가치 과대 계산 방지를 위해 광물 가치를 제외할 것을 강조했다. 조건 없이 인센티브가 제공되는 '상업용 친환경 차' 범위를 넓혀달라고도 했다. IRA 규정에 따르면 상업용 친환경 차 구매자에겐 최종 조립요건, 배터리 요건, 우려 외국법인 등 조건 없이 최대 75,00달러 세액공제 혜택을 준다. '렌트카와 단기 리스차량'도 상업용 친환경 차 범위에 포함해달라는 것이 정부의 제안이다.

또한 청정제조시설 투자세액공제 심사요건을 엄격하게 적용하지 않고, 투자세액공제 대상에 포함되는 투자(적격 투자)의 범위를 넓게 인정해줄 것을 요구했다. 배터리 조인트벤처와 완성차 업체 간 관계를 분명히 규정하도록 제안했다. 배터리 생산·판매에 대한 세액공제 불확실성을 제거하기 위함이다. 청정발전시설 투자·생산세액공제 규정을 두고, 미국산 제품 사용 조항(청정발전시설 투자·생산 과정에서 미국산을 사용하면 추가로 보너스 세액공제 부여)은 그 차별적 효과가 최소화되도록 운영해줄 것도 요구했다.

[국제통상학 진로 로드맵]

구분	고등1	고등2	고등3
자율 활동	인문 나눔 독서축제에서 진로독서를 발표함.	학생회 봉사부 차장, 현장체험학습을 통해 지역의 상품과 유통에 대해 탐구보고서를 작성함.	학생회 봉사부 부장, 분리수거를 관할하여 일목요연한 일처리를 통해 수고를 덜고, 학교 이윤을 증대시키는 데 중추적 역할을 함.
동아리 활동	글로벌 한국 알리미		
	한옥을 주제로 세계의 가옥과의 차이점과 한옥구조의 수출전략을 탐구함.	동아리 차장, 한국의 국제무역을 주제로 문헌조사하여 발전방향을 모색함.	해외에 유통되는 한국산 제품의 시장조사와 리뉴얼을 통해 기업이윤 증대의 보고서를 작성함.
진로 활동	진로탐색활동으로 LNG 선 수주가 조선산업에 미치는 영향을 탐구함.	글로벌 역량 강화를 위한 외국어 캠프에 참여함. 학과체험에서 회계학, 경제금융학부를 선정하여 경제의 흐름을 이해하고 후속활동을 진행함.	4차 산업혁명에 따른 경제 변화를 교내신문으로 제작함. 롤모델 독서활동에서 김만덕을 모델로 하여 글로벌 마케터로서의 자세를 배움. 공정무역상품 집중탐구활동 보고서를 제출함.
특기 활동	인문고전읽기에서 '열하일기'를 읽고, 연암의 독서 서평을 작성함.	책 '명견만리'를 읽고 모둠토의를 통해 자유무역의 장단점을 논하여 제3세계에 대한 관심을 드러냄.	국내 기업의 해외진출 성공사례를 분석하여 세계시장의 성공적인 개척 방안을 탐구함.

[창의적 체험활동]

구분		창의적 체험활동상황
1 학 년	동아리 활동	한옥을 주제로 **'세계의 가옥과의 차이점과 한옥 수출전략'**을 탐구함. 모듈러 형식으로 쉽게 제작할 수 있도록 하며, 온돌과 중점이 있는 ㄷ, ㅁ자 구조를 제공하여 개인생활 공간을 보장하면서 자연을 느낄 수 있도록 구성한 점이 외국인들에게 큰 호응을 얻고 있다는 자료를 바탕으로 보고서를 작성하여 제출함.
	진로 활동	진로탐색활동으로 **'LNG선 수주가 조선산업에 미치는 영향'**을 주제로 탐구함. **'한국 조선 산업의 재부상과 전략적 대응:최근 부가가치 선종 수주 성과를 중심으로'** 자료를 참고하여 환경규제에 대응한 황산화물 저감을 위한 LNG선 대형 선박 수주가 증가하면서 조선산업뿐만 아니라 철강, 통신, 전자, 신소재 등 다양한 분야의 산업까지 같이 발전하고 있다고 분석함. 특히, 5G통신으로 자율운항선박을 개발하여 선박사고를 줄이고 안전하게 수송할 수 있는 시스템까지 같이 발전하고 있다며 조선산업의 발전으로 인해 다른 산업까지 파급효과가 크다고 설명함.
2 학 년	자율 활동	현장체험학습을 통해 **지역의 상품과 유통에 대해 탐구보고서**를 작성함. 학교 근처 카페의 실적이 좋지 않아 지역의 특산품을 판매하는 카페를 제안함. 먹거리뿐만 아니라 포토존, 소장품 등 **'소비자의 소비욕구 자극 요인'**을 주제로 보고서를 작성하며 DAY마케팅을 진행하여 요일별 다른 품목과 스토리를 제공하여 매출 상승을 도모하는 데 기여함.
3 학 년	동아리 활동	**해외에 유통되는 한국산 제품의 시장조사와 리뉴얼을 통한 기업이윤 증대 보고서**를 작성함. 소비자 라이프 스타일 변화에 따른 물리적, 심리적 욕구를 반영한 리뉴얼 디자인 변경을 통해 매출 상승으로 이어진 제품을 분석함. 특히, 이전부터 큰 인기를 얻었던 제품의 디자인과 이름을 패러디하여 재미 요소를 부가하여 큰 인기를 얻었던 사례를 소개함. 또한 캐릭터를 활용하여 제품의 이미지를 시각적으로 가독성을 높여 브랜드 이미지 제고를 하는 데 기여한 사례를 소개하는 등 관련된 다양한 요소를 고려하여 탐구하는 열정을 엿볼 수 있음.
	진로 활동	롤모델 독서활동에서 **'김만덕'**을 모델로 **글로벌 마케터로서의 자세**를 배움. 육지와의 거래라는 블루오션을 적용하여 사업을 확장한 사례, 상품을 매점매석하여 높은 이윤을 창출한 사례, 지역특산품의 가치를 극대화하여 사고 싶은 제품의 인식을 부여한 사례 등을 바탕으로 마케터로서 필요한 자세를 깨닫게 되었다고 함. **공정무역상품 집중탐구**하여 활동 보고서를 제출함. 영국의 경우 소비자 절반 이상이 한 달에 한 번 이상 정기적으로 공정무역 제품을 구매하고 90%는 공정무역 인증 제품을 신뢰하는데 반해, 우리나라는 이를 잘 모르고 이용하는 사람도 많고 홍보가 부족하다는 것을 알게 됨. 공정무역 상품이 무엇인지 알리고, 공정무역 제품을 구매하는 것이 어떤 이점이 있는지 홍보하는 것의 중요성을 깨닫게 되었다고 함. 특히, 공정무역상품과 사회적 기업과의 협업을 통해 널리 판매될 수 있는 시스템이 갖추어지면 좋겠다고 아이디어를 제안함.

[교과 세특]

구분		세부내용 및 특기사항
1학년	영어	국제 교역에 관심이 많아 이와 관련된 일을 하고자 하는 자신의 장래 희망, 일상생활에서 받는 스트레스 해소 방법을 영어로 상세히 묘사하였으며, 말하기 부문에서 Mercutio 역을 능숙하게 연기하여 유창한 말하기 능력을 보여줌. 읽기 분야에서 창의적 사고, 분노의 원인, 빈자를 위한 은행, 사회적 명분을 위한 봉사, 환경문제에 대한 자료를 읽고 추가 자료조사를 통해 발표문을 강화하는 등의 학습효과를 높임.
2학년	독서	책 '공정무역 내 인생의 책'을 읽고 성실하게 내용을 요약하고 체계적으로 잘 정리했으며, 이를 바탕으로 '함께 걸어야 하는 길 공정무역'이라는 보고서를 작성. 글로벌로 일컬어지는 현대 무역시장에서 그 과정의 공정성에 의문을 품고, 커피 수익의 분배를 예로 들어 불공정한 분배를 해결할 수 있는 대안으로 공정무역의 긍정적 측면을 부각함. '컴포트 존을 활용한 마케팅 전략'을 배우며 색다른 마케팅 전략에 대한 호기심으로 조사한 결과, 참신한 마케팅 전략을 위해서는 상품 및 서비스에 대한 이해가 필수적임을 탐구하여 정리함.
	윤리와 사상	'착한 사마리아인 법'을 배우고 이를 다룬 신문기사를 분석하여 흄의 입장에서 학습한 교과 내용을 근거로 착한 사마리아인의 법에 대한 자신의 주장을 타당한 근거를 통해 제시함. 책 '나쁜 사마리아인들'을 읽고, 무역체계에서 우위를 갖는 강대국이 개발도상국을 대하는 태도를 견주어 무역의 이면을 탐구하는 안목을 형성함. 이를 조선 후기 위정척사운동과 개화론자들의 입장을 각기 정리하여 시대적 흐름을 읽는 안목이 필요함을 주장함.
3학년	사회문화	주제탐구 발표활동에서 관료제의 문제점을 사례로 들어 다양한 탈관료제 조직들을 국내외 다국적 기업의 사례를 들어 설득력 있게 프리젠테이션해 논리적 사고력과 문제해결 능력을 보여줌. 토론 과정에서 다른 의견을 수용하는 개방적 자세를 보여줌. 공정무역과 전 지구적 빈곤문제와 같은 세계적인 현안에 관심이 많아 관련 도서를 읽고, 이를 자신의 삶에 적용해 생활 속에서 실천할 해결방안을 제시하는 등 성찰적 실천 태도가 남다르며, 사회문제를 사회적 배경과 연관지어 이해하는 리터러시 능력과 세계시민으로서의 면모를 갖춰가고 있음.
	한국지리	반도국이라는 이점에 주목하여 대한민국이 아태지역에서 물류 흐름의 허브 역할을 하고 있다는 점과 통일이나 남북 간 협약으로 철로가 연결되면 가져올 수 있는 경제적 효과를 문헌조사와 자료연구를 통해 수준 높은 발표문을 작성함. 전통 김치를 소재로 이를 세계화하기 위한 여러 방안을 탐구하고 국제적 경쟁력을 높일 수 있는 방안을 생각함. 유통과정을 최소화하는 인터넷 직거래를 통해 판매하는 방식으로 유통 및 포장 마진을 줄이는 방안까지 마련하기도 함.

[추천도서]

[탐구 주제 찾기]

과목	단원	탐구 주제
통합 사회	자본주의와 합리적 선택	신자유주의에서 한국의 새로운 통상정책 방향 탐구
	시장경제에서 시장 참여자들의 역할	미국 보호무역주의에 따른 우리나라의 통상전략 탐구
	자산관리와 금융 생활 설계	국제운송에서 블록체인 기술 활용 방안 탐구
	자원과 지속가능한 발전	지속가능한 무역을 위한 방향성 탐구
통합 과학	신소재의 개발과 이용	IRA 감축법에 따른 원자재 확보 및 개발 필요성 탐구
	지구환경변화와 인간생활	친환경적인 에너지 탐구
	생명시스템에서의 정보의 흐름	DTC 유전자검사 시장 전망 탐구
	전기에너지의 생산과 수송	글로벌 수송 부문에서 온실가스 감축 방안 탐구
수학	방정식과 부등식(여러 가지 방정식)	베르트랑 모델을 활용한 국제 기업의 한계 비용 연구
	함수(여러가지 함수)	글로벌 브랜드 지수를 활용한 시장변화 분석
	함수(여러가지 함수)	국제 사회 변화로 인한 환율의 가치와 국가별 손익문제 탐구

➡ 핵심 키워드로 알아보는 국제통상학

국제, 통상, 무역, 비즈니스맨, 상사, 경제, 신고전학파, 글로벌, 협상, 중재, 경영, 증가, 마케팅, 분쟁, 전략, 관습, 위험관리, 다국적, 결제, 제고, 소송, 환율

ⓐ DBpia에서 가장 많이 검색된 논문

ㄱ 실크로드의 역사와 이의 국제통상학적 의미 : 남북철도의 개통소식에 즈음하여. 한국마케팅연구원

ㄴ 무역학과 국제통상학의 차이에 대한 연구. 한국무역학회

ㄷ 한-인도 FTA체결과 경제적 효과. 인하대학교 정석물류통상연구원

ⓔ 무역학·국제통상학의 학문적 범위와 특성 및 교육체계에 대한 고찰. 한 국무역학회

ⓜ 한-일, 한-중 FTA의 주요 이슈 및 시사점. 인하대학교 정석물류통상연 구원

ⓑ 시사를 활용한 탐구활동

출처 : 사이언스온(https://scienceon.kisti.re.kr/)

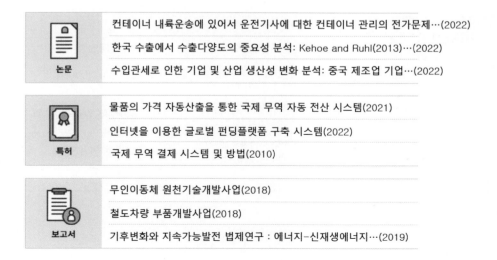

동향	재편되는 글로벌 가치사슬의 대안은?(2019)	
	원자력분야 연구개발 협력을 강화하는 영국과 미국(2018)	
	기후변화 대응할 저탄소 에너지기술은?(2017)	

출처 : 사이언스온(https://scienceon.kisti.re.kr/)

➡ 국제통상학에서 수강하는 대표 과목

[국제통상학과 대학에서 이수하는 교과]

교양필수	경제학 원론, 통계학, 경제수학, Business Law, International Law
전공필수 및 전공선택	e-Trade이론과실제(캡스톤디자인), 거시경제학, 관세론, 국제경영입문, 국제금융론, 국제무역과마케팅, 국제무역론, 국제무역보험, 국제운송과물류, 국제지역경제협력의이론과실제(캡스톤디자인), 국제통상론, 국제협상의이론과실제, 글로벌서비스전략, 무역스타트업이론과실습, 무역영어, 무역정책론, 무역통계분석, 미시경제학, 산업통상론(캡스톤디자인), 외환선물거래, 통상규범의이론과사례(캡스톤디자인), 한국통상·무역의이해와적용(캡스톤디자인), 해외투자의이론과실제 등

[국제통상학과 진학에 도움이 되는 교과]

교과영역	교과(군)	공통과목	선택 과목	
			일반선택	진로선택
기초	국어	국어	화법과 작문, 독서, 문학, 언어와 매체	심화국어, 고전읽기
	수학	수학	수학Ⅰ, 수학Ⅱ, 미적분, 확률과 통계	기하, 경제수학, 인공지능 수학
	영어	영어	영어회화, 영어Ⅰ, 영어Ⅱ, 영어 독해와 작문	진로영어, 영어권문화
	한국사	한국사		

148

탐구	사회	통합사회	경제, 정치와법, 사회문화, 윤리와 사상	사회문제탐구, 사회과제 연구, 고전과윤리
	과학	통합과학 과학탐구 실험		과학과제탐구, 과학사, 생활과 과학
생활 교양	기술·가정		기술가정, 정보	인공지능 기초, 정보과학, 프로그래밍, 빅데이터분석
	교양		실용경제, 제2외국어I, 철학, 심리학, 논리학	

※ 별색 : 핵심 권장 과목, 밑줄 : 배우면 좋을 과목

무역학 진로 로드맵

➡ 무역학 합격자 선배들의 진로 로드맵과 세특

301조 조치를 비롯한 다양한 무역제재들은 바이든 정권에서도 지속·심화되었으며, 동 조치들이 무역비중 감소에 일조한 것으로 나타났다. 301조는 전체 대중 수입의 3분의 2를 대상으로 최대 25%의 추가 관세를 부과하는 강력한 조치로, 신행정부 출범으로 완화될 것이라는 기대도 있었으나 현재까지 유지 중이다. 화웨이 제재로 중국 반도체 산업에 큰 타격을 미친 수출통제 조치에 대해 미국 정부는 최근 통제 범위를 확장하고 있으며, 통신망·전력망에서 중국산 장비의 사용을 제한함에 따라 해당 장비 수입에서 중국의 비중이 크게 감소하였다. 2022년에는 '위구르 강제노동방지법(UFLPA)'를 시행하여 인권탄압에 대한 제재를 무역에까지 확장하며 규제 강화를 이어졌다.

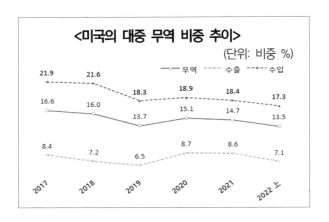

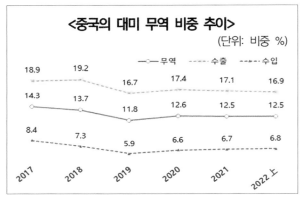

출처 : 미중 무역전쟁 4년 경과 및 전망(한국무역협회)

미-중 무역전쟁, 코로나-19 팬데믹, 우크라이나 전쟁이 발생하며 미국에서도 공급망 안정성이 핵심과제로 부상했고, 공급망에서 중국에 대한 의존도를 낮춰야 한다는 공감대가 확산되었다. 이에 따라 미국의 통상정책도 개별 무역에 대한 제재에서 공급망 재편 정책으로 범위가 확대되었으며, 핵심 공급망에서 중국을 배제하려는 움직임을 보이고 있다. 이를 위해 글로벌 기업의 대미 투자를 유인하기 위해 리쇼어링을 확대하고 있다. 다른 한편으로는 동맹 및 파트너와 연합하여 동맹중심 공급망을 확대하고 있다.

이에 중국은 미국의 무역제재에 대항하는 입법을 추진해 중국판 수출통제리스트와 수출통제법을 제정하고, 미국을 비롯한 외국의 조치들로 중국이 부당한 피해를 보는 상황을 방지하기 위해 '외국법률의 역외적용 저지 방법'과 '반외국제재법'을 발표했다. 각종 제재 방지 입법에도 불구하고 중국은 실질적 효과가 크지 않은 수준에서 맞대응 방식을 취하며 긴장이 고조되는 것을 피하고 있다. 다만 중국의 성장과 함께 미-중 간 패권경쟁이 본격화되면서 공급망 재편은 불가피한 상황이다. 최근의 패권경쟁은 첨단기술 반도체, 5G장비, 배터리를 중심으로 전개되고 있다.

중국의 추격을 저지하기 위해 핵심 공급망에서 중국을 차단하고자 주요국과 글로벌 기업들은 대중국 의존도를 낮추고 있다. 또한 중국을 완전히 배제한다고 하더라도 인공위성 기술에서 그러했듯 중국은 장기적으로 기술 발전을 축적하며 미국에 대한 추격을 이어갈 것이다. 미·중간 무역의 비중 감소와 공급망 디커플링 현상은 당분간 이어질 것으로 전망되나, 미국도 중국과 완전한 분리가 가능하다고 보지 않는 이상 '언제, 어느 수준까지' 이어질 것인지에 주목하고 대비할 필요가 있다.

미국 상무부는 SMIC에 대한 수출통제 기준을 10나노미터 이하의 미세공정을 적용하는 반도체장비에서 14나노미터 이하 장비로 범위를 확대하였다. 램리서치와 KLA 등 주요 반도체장비 공급사에 공문(2022년 7월)을 보내 수출통제 조치를 강화하였다. 네덜란드 정부에 대한 압박을 이어가며 네덜란드 ASML 기업의 극자외선(EUV) 노광장비를 중국에 수출하지 못하도록 요청하였다. 트럼프 정부부터 이어진 미국의 압력으로 네덜란드도 EUV 장비의 대중국 수출을 제한해왔다. 최근 네덜란드 정부를 상대로 구형 장비인 '심자외선(DUV) 노광장비'

의 중국 판매를 금지하도록 하였다. 2021년 미 하원은 중국산 통신장비의 안보 위협을 지적하는 보고서를 발표하고, 정부 조달에서 중국산 장비를 배제할 것을 권고하였다.

미 의회는 정부기관의 중국산 통신장비 조달을 금지하는 법률을 제정하였다. 2021년 11월 제정된 '보안장비법'은 화웨이 및 ZTE의 통신장비에 대한 승인을 금지하면서 사실상 중국산 통신장비의 수입을 금지하였다. 대형 통신사들과 달리 비용 부담으로 인해 중국산 장비에 대한 의존도가 높은 중소 지역 통신사를 대상으로 장비 교체 비용을 지원하였다. 의회는 중국산 장비 교체를 지원하는 프로그램을 신설하고(안전네트워크법, 2020년 3월) 19억 달러에 이르는 예산을 지원할 수 있도록 통합세출법을 제정하였다. 미국 통신위원회는 기존에 설치된 중국산 장비를 대체하기 위해 'Rip and Replace' 프로그램을 운영하여 '환급 프로그램' 사업을 진행하여 통신장비를 대체할 수 있었다.

미 재무부가 최근 제정된 인플레이션감축법(IRA)내 '전기차 세액공제' 정책을 통해 중국이 우위를 점하고 있는 전기차 및 배터리 공급망에서 중국을 배제하는 법적 근거를 마련하고 미국 중심의 공급망을 재편하고 있다. 전기차 한 대당 최대 7,500달러가 제공되는 기존의 세액공제 혜택은 2032년까지 연장될 예정이다. 단, 몇 가지 요건을 충족하는 경우에만 수혜를 받을 수 있다. 즉, 최종 조립은 북미에서 이뤄져야 하고, 전기차 배터리에 들어가는 핵심 광물은 가치기준으로 40% 이상이 미국 또는 미국과 FTA를 체결한 국가에서 채굴 또는 가공되거나 북미에서 재활용되어야 세액공제 혜택을 받을 수 있다. 이 비율은 단계적으로 높아져 2028년에는 80%에 이를 예정이다.

[무역학 진로 로드맵]

구분	고등1	고등2	고등3
자율 활동	멘토링 활동에서 수학 멘토로 참여하여 수학적 지식을 나누며 성적 향상에 기여함.	학급특색활동으로 경제시사를 주제로 토론하며 정리한 내용을 포스터로 만들어 게시함. 주제를 제안하는 등 폭넓게 지식을 확장함.	학급특색활동으로 '쿠팡 불매운동'을 빅카인즈 뉴스 통계를 활용하여 탐구함.
동아리 활동	시사 토론 동아리		
동아리 활동	미·중 무역갈등이 한국에 미치는 영향을 탐구함. 한·일 무역분쟁에 따른 소부장산업 활성화로 인한 극복방안을 탐구함.	금융 강의 3회를 듣고, 외환보유고의 중요성을 탐구함. '초과 외환보유액이 한국경제성장에 미치는 영향'을 탐구함.	플랫폼 기업의 유치와 성장을 탐구하면서 어떻게 경쟁력을 확보하고 새로운 고객을 흡수할 수 있는지에 대해 조사함.
진로 활동	진로탐색활동으로 '반도체 클러스터 필요성'을 탐구함.	진로탐색활동으로 '스포츠 음료 마케팅'을 주제로 수리적 분석력과 정보활용능력으로 지역적 특색을 고려한 마케팅이 필요함을 인식함.	진로발표활동에서 러-우 전쟁으로 러시아와 우크라이나 재건에서의 한국의 역할에 관심을 가지고 탐구함.
특기 활동			'삶과 경영'이라는 강의를 듣고, 경영학이 우리 생활에 적용되고 있는 사실을 인식하고 넛지 마케팅의 손실회피이론을 학급 금연정책으로 추진할 것을 제안함.

[창의적 체험활동]

구분		창의적 체험활동상황
1 학년	동아리 활동	신문 스크랩 활동에서 **'미·중 무역갈등의 심화가 우리 경제에 미치는 영향'**에 대해 조사하여 정리함. 특히, 조선시대 중상주의 학자인 박제가의 유통경제 활성화를 위한 수레의 이용 주장에 공감하면서 상공업과 무역을 규제한 조선의 조정을 비판함. 한·일 무역분쟁에 대한 토론활동에서 수출 규제로 피해를 입은 기업이나 부품의 국산화를 위한 소부장 산업의 연구지원을 통해 국산화로 대일 수입의존도를 낮추고, 중소기업 육성을 통해 수출산업구조를 강화할 수 있다고 주장함.

2학년	동아리 활동	금융 강의 3회를 듣고 외환보유고의 중요성을 탐구함. **'초과 외환보유액이 한국경제성장에 미치는 영향'**을 탐구함. 외환보유액의 축적은 국가 경제의 안정성 유지, 국가 신용도 개선 등의 긍정적 기능을 가지고 있음과 동시에 통화량 증가를 통한 금융부문의 불균형 초래, 기회비용 증가에 따른 비효율성 문제 발생과 같은 부정적인 기능도 존재함을 분석함.
	진로 활동	진로탐색활동으로 **'스포츠 음료 마케팅'**을 주제로 수리적 분석력과 정보활용능력으로 나라별 특색을 고려한 마케팅이 필요함을 인식함. **'스포츠 음료를 팔기보다 문화를 창출하다'**라는 캐치프레이즈로 젊은 층을 흡수하기 위한 마케팅을 진행함.
3학년	동아리 활동	**'플랫폼 기업의 유치와 성장'**에 대해 탐구하면서 이미 같은 분야의 플랫폼 기업이 존재할 때 어떻게 경쟁력을 확보하고 새로운 고객을 흡수할 것인가에 대해 조사함. 플랫폼 기업은 무자본 산업이라는 기존의 인식에서 벗어나 경쟁 기업에 효과적으로 대응하기 위해 고객 확보 전략으로 알리바바와 같이 수수료를 없애는 서비스와 무료 배송 서비스와 같은 전략이 필요하다고 분석함.
	진로 활동	진로발표활동에서 **'러-우 전쟁으로 러시아와 우크라이나 재건에서 한국의 역할'**에 관심을 가지고 탐구함. 한-러 간의 조선 해양사업을 강화하여 수출을 통해 재건을 위한 비용을 확보하고, 스마트 도시를 재건하기 위해 가전, 통신, 친환경 발전 등을 폭넓게 수출할 수 있다는 점을 부각하며 한국 기업의 러시아, 우크라이나 진출 전망이 밝다고 주장함.

[교과 세특]

구분		세부내용 및 특기사항
1학년	영어	수업 중 읽었던 **'거품 경제의 유래'**에 대한 글을 읽고 정확한 정보와 실제적 지표 없이 선동하는 행위와 군중심리, 그것의 사회적, 경제적 파급효과에 대해 생각해 보고 종종 접하는 관련 피해 사례를 통해 마케팅의 방향성과 중요성에 대해 조사하여 발표함.
	통합 사회	나라 간 생산비를 고려하여 비용이 절대적 혹은 상대적으로 저렴한 제품을 특화하여 교역하는 절대우위와 비교우위를 비교하여 설명함. 기회비용을 고려한 합리적인 소비가 중요하며 이를 실제 소비행위에 적용하자고 주장함. 분쟁 해결 프로젝트에서 **'한-일 무역분쟁 조정안'**을 발표함. 당사국 입장을 조사해 정리하고 뛰어난 컴퓨터활용능력을 바탕으로 PPT를 이용해 분쟁국 정상이 대담하는 형태로 자료를 제작하여 주도적으로 발표함.
2학년	독서	러-우 전쟁 사례를 롱테일 법칙과 파레토 법칙을 적용하여 유동적인 마케팅 전략을 세워 적절히 대처가 필요하다고 강조함. 한 학기 한 권 책 읽기 활동을 위해 〈플랫폼 레볼루션〉이라는 책을 선정하여 플랫폼 경영의 구조와 작동방식, 미래 전망 등을 확인하고, 차량 대여 서비스 활성화에 대한 서평문을 작성함. 한정된 자원으로도 전통 산업을 이길 만큼의 우위를 점할 수 있으므로 사회변화 흐름의 분석을 통해 도전해야 한다는 자신의 관점을 정리함.

2학년	수학II	미분계수와 도함수에 관련된 문제를 정확히 해결하는 것뿐만 아니라 그 의미를 기하적으로 다양하게 해석하는 능력이 있음. 프로젝트 활동 시간에 '**기업 이윤 극대화를 위한 한계비용**'을 주제로 자신이 조사한 내용을 발표함. 기업 이윤을 극대화하기 위해 활용되는 한계비용 체증의 법칙을 설명함. 이 과정에서 변동분을 계산하기 위해 미분의 개념이 활용됨을 발표하고 비용곡선과 수입 곡선을 분석하여 생산량을 극대화하는 지점을 찾아냄.
	경제	'**성별에 초점을 맞춘 비즈니스 마케팅의 단점**'이라는 주제로 성별에 관한 논쟁과 마케팅과의 관계에 호기심을 가지고 '**성별 마케팅이 왜 비즈니스에 해로울까요?**'라는 주제로 발표함. 성별은 시장을 탐색하고 목표로 삼기에는 정말 쉬운 방법이지만 오히려 이것은 브랜드가 성장할 수 있는 기회를 방해할 수 있다는 점을 소개하면서 오히려 성별 갈등이나 고정관념을 계속해서 만들어 낼 수 있다고 발표함.
	논술	비판형 논제를 학습한 후 '**우리 사회의 다양한 불평등**'을 주제로 토론하고 '**경제적 불평등에 따른 빈부격차**'를 주제로 프로젝트 학습을 진행함. 조원들과 자유롭게 의견을 나누고 우리나라에서 일어나고 있는 빈부격차의 사례를 조사하여 발표함. 특정인들의 법망을 교묘히 피하여 탈세를 저지르는 사례를 소개하면서 의견을 제시함.
3학년	경제 수학	수열과 금융 단원 중 기말급 연금의 최종금액 계산법을 학습한 뒤 문제만들기 활동에서 자영업기준 소득의 9%를 납부할 때 받는 국민연금을 문제로 출제하여 **연금의 중요성**을 상기시켜줌. 2021년 소득월액 최소 납입기간을 120개월로 지정하여 최종금액을 산출하는 활동과 65세 이후 납입기간을 연장할 경우 받을 수 있는 경우에 대하여 단계적인 문제해결 방식을 활용하여 소개한 점이 인상적임. 추가로 물가 상승률 반영과 65세 당시의 화폐 가치 상승까지 반영하기 위해 CPI(소비자 물가지수), 물가 상승률 등의 자료를 스스로 분석함.
	사회문제 탐구	NIE 포트폴리오 활동에서 최근의 '**암호화폐 투자광풍 현상**'을 주제로 선정하여 암호화폐가 실물 화폐로써의 가치를 인정받고 안정성을 확보할 수 있는지에 대해 조사함. 암호화폐는 변동성이 크고, 민간기업의 영향을 받을 수 있으며, 거대 개인투자자가 독점할 수 있다는 근거로 화폐로써 가치를 가질 수 없다는 점을 강조하면서 그 대안으로 중앙은행 통제의 CBDC를 제시함.
	국제 경제	국제 교역체제의 변화에서 전 세계 교역의 약 90%가 해상으로 운행될 정도로 국제 무역에서 동맥 역할을 하는 수에즈 운하의 역사와 이점을 듣고, '**에버그린호가 미치는 영향**'을 '**동맥경화**'라고 생각하고 경제탐구보고서를 작성하여 발표함. 에버그린호 사태로 항공 화물운송 시장에 단기적 호재가 앞으로 더 역할을 차지할 것과 새로운 해상항로인 북극항로 개발의 필요성을 강조함. 이후 '**세계사를 바꾼 15번의 무역전쟁**'이라는 책을 읽고, 6.25당시 미국이 중국에 시행했던 무역 규제로 중국 경제를 봉쇄했다는 것을 알게 됨.
	개인별 세특	'삶과 경영'이라는 강의를 듣고, 경영학이 우리 생활에 적용되고 있는 사실을 인식하면서 마케팅의 기본전제가 무엇인지에 대해 질문함. 경영학에서 관심 분야인 마케팅 기법을 학급에 적용해보고자 '**넛지 마케팅의 손실회피이론**'을 학급 금연정책에 적용하여 금연율 감소에 기여함.

[추천도서]

[탐구 주제 찾기]

과목	단원	탐구 주제
통합 사회	자본주의와 합리적 선택	개발도상국의 자유무역과 보호무역 영향력 탐구
	시장경제에서 시장 참여자들의 역할	러-우 전쟁으로 인한 러시아 시장경제 지위 박탈여부 탐구

통합 사회	자산관리와 금융 생활 설계	금리 인상에 따른 자산관리 방법 탐구
	자원과 지속가능한 발전	자원가격 급등에 따른 지속가능한 발전 방향 탐구
통합 과학	신소재의 개발과 이용	한국 반도체산업의 무역구조와 국제 경쟁력 탐구
	지구환경변화와 인간생활	탄소세, 세계 무역에 미치는 영향 탐구
	생명시스템에서의 정보의 흐름	신약 개발 기술이전 최적시기 탐구
	전기에너지의 생산과 수송	수소연료전지의 수출 전략 탐구
수학	방정식과 부등식(여러 가지 방정식)	환율 변화에 따른 국제 시장의 변화 탐구
	함수(여러가지 함수)	국제 기업들의 국제 정세 변화에 따른 한계비용함수를 이용한 총비용함수 탐구
	함수(여러가지 함수)	전쟁으로 인한 빅맥지수와 스타벅스지수의 변화 탐구

➡ 핵심 키워드로 알아보는 무역학

무역, 국제, 외환, 강좌, 투자, 해외, 시장, 컨트리, 법규, 비즈니스, 경쟁력, 재무, 물류, 수출, 거시경제, 상품, 전략, 원자재, 정경, 기업, 환율, 글로벌, 협정, 수요

ⓐ DBpia에서 가장 많이 검색된 논문

　㉠ 미-중 무역분쟁의 경제적 효과와 세계경제 함의. 한국무역학회

　㉡ 4차 산업혁명이 무역에 미칠 영향과 이에 대비한 수출촉진전략. 한국무역학회

　㉢ 미중 무역전쟁과 게임이론: 협상력 비대칭 상황에서의 협조적 균형 가능성. 한국무역학회

　㉣ 미-중 통상분쟁의 한국경제 영향과 시사점. 한국무역학회

　㉤ 개발도상국의 세계화와 경제성장 : 개발도상국 무역확대를 중심으로. 한국무역학회

ⓑ 시사를 활용한 탐구활동

무역학
국가간에 이루어지는 상품의 수출입 및 그에 따른 여러 가지 경제활동에 관한 연구 및 학문적 체계

국제무역
국제 간에 행해지는 상품교환. 자국·타국 이라는 주관적인 입장을 떠나, 물품이 적으로 교류되는 것

국제교역
국가 간의 상품과 서비스의 판매나 교환

출처 : 사이언스온(https://scienceon.kisti.re.kr/)

논문

물류 4.0 시대에서 물류효율성 증대를 위한 인코텀즈 상 정형거래조건…(2022)

텍스트 마이닝과 소셜 네트워크 기법을 활용한 국제무역 키워드…(2022)

한국과 주요 교역국 간 무역통계 불일치에 관한 연구 – 중국과 홍콩…(2022)

특허

물품의 가격 자동산출을 통한 국제 무역 자동 전산 시스템(2021)

인터넷을 이용한 글로벌 펀딩플랫폼 구축 시스템(2022)

국제 무역 결제 시스템 및 방법(2010)

보고서

한중 FTA에 따른 무역구제제도와 조직의 효율적인 운용 및 대응방안 연구(2014)

세계 무역환경의 변화에 따른 무역구제제도의 새로운 과제 등에 관한 연구(2016)

기후변화와 지속가능발전 법제연구 : 에너지–신재생에너지…(2019)

동향

자율주행 청소로봇·AI 피부분석기…'디지털' 입힌 중기제품(2020)

무협 "코로나 이후 통상 3대축은 환경·디지털·노동"(2020)

"수소경제 경쟁력 높이려면 그린수소 생산 힘써야"(2020)

출처 : 사이언스온(https://scienceon.kisti.re.kr/)

➜ 무역학에서 수강하는 대표 과목

[무역학과 대학에서 이수하는 교과]

교양필수	물류관리론, 경영학원론, 경제학원론, 비즈니스커뮤니케이션, 물류영어, 회계학원론
전공필수 및 전공선택	거시경제분석, 관세평가, 국제경영, 국제경영전략, 국제금융론, 국제마케팅, 국제무역론, 국제무역정책론, 국제물류, 국제재무, 국제통상관계론, 다국적기업론, 디지털무역마케팅, 무역결제, 무역계약, 무역관계법, 무역데이터분석, 무역보험, 무역상품학, 무역업창업과경영, 무역운송, 무역전산학개론, 무역전시마케팅, 미시경제분석, 비즈니스무역영어, 비즈니스일본어, 비즈니스중국어, 빅데이터마케팅, 서비스무역, 외환론, 일본경제론, 전자상거래와무역, 중국경제론, 해외시장조사론, 해외투자마케팅 등

[무역학과 진학에 도움이 되는 교과]

교과영역	교과(군)	공통과목	선택 과목	
			일반선택	진로선택
기초	국어	국어	화법과 작문, 독서, 문학, 언어와 매체	심화국어, 고전읽기
	수학	수학	수학Ⅰ, 수학Ⅱ, 미적분, 확률과 통계	기하, 경제수학, 인공지능 수학
	영어	영어	영어회화, 영어Ⅰ, 영어Ⅱ, 영어 독해와 작문	진로영어, 영어권문화
	한국사	한국사		
탐구	사회	통합사회	경제, 정치와법, 사회문화, 윤리와 사상	사회문제탐구, 사회과제 연구, 고전과윤리
	과학	통합과학 과학탐구 실험		과학과제탐구, 과학사, 생활과 과학
생활 교양	기술·가정		기술가정, 정보	인공지능 기초, 정보과학, 프로그래밍, 빅데이터분석
	교양		실용경제, 제2외국어Ⅰ, 철학, 심리학, 논리학	

※ 별색 : 핵심 권장 과목, 밑줄 : 배우면 좋을 과목

→ 물류행정학 합격자 선배들의 진로 로드맵과 세특

우리나라 국제물류업에 종사하는 사람들은 복잡한 수출입의 원활한 업무를 위해 대행 서비스를 이용하고 있다. 대행 서비스를 이용하면 화주의 인력, 시간, 비용을 절감할 수 있다.

85% 이상의 4,500여 업체들은 최소 등록기준인 3억 원의 자본을 갖고있는 소규모 기업이다. 단순한 업체 수의 증가보다는 시장에 효율적으로 부응하는 중견 국제물류주선업체의 질적 성장을 지원하고, 전 세계 글로벌 포워딩 업체와 어깨를 나란히 할 수 있는 규모와 경쟁력을 갖춘 주선업체를 통해 대량 화물의 집화를 통한 규모의 경제를 실현함으로써 물류의 데이터베이스, 공동집배시설, 경쟁력있는 비즈니스 플랫폼 구축 등을 지원해줄 수 있다.

글로벌 기업인 DHL 등은 이미 전세계 네트워크를 구축하고 있다. 하지만 국내 국제물류 기업들도 네트워크를 형성하고 우리나라 물류산업에 중요한 역할을 담당할 것이다. 국내 물류산업은 매출액 기준 약 90조 원으로 전체 산업에서 차지하는 비중은 약 2.1%이지만 무역 의존도가 높은 우리나라에서는 경제의 동맥과 같은 역할을 하기에 물류 행정을 일원화할 통제시스템이 필요할 것이다.

특히, 기후변화에 대응한 친환경 물류체계로의 전환을 위해 행정적, 재정적 지원이 필요하다.

국제물류부문에서 정부의 IT 인프라가 물류정보 인프라를 각각의 목적과 기능에 맞게 설치하여 운영하고 있다. 산업자원부의 KT-NET, 해양수산부의 KL-

NET, 국토교통부의 AIRCIS로 분산 운영 중이어서 종합물류정보망을 구축하여 통합 운영이 필요하다.

[부처별 물류관리 기능 및 시설]

항목	건설교통부	해양수산부	산업자원부	농림부	관세청
주기능	내륙, 공항, 철도운송	해운, 항만	기업물류, 유통	농·축산물 유통	관세, 통관
물류·유통시설	화물터미널, 내륙컨테이너기지, 유통단지, 항공화물터미널	항만 배후단지, 수산물유통센터, 수산물도매시장	집배송센터, 공동집배송단지	농축산물유통센터, 공판장, 미곡종합처리장	보세창고, 보세장치장
관련법	화물유통촉진법, 유통단지개발촉진법, 화물자동차운수사업법, 항공법, 철도법	항만법	유통산업발전법	농수산물유통 및 가격안정화법, 수산업법	관세법

출처 : 물류행정 통합체계 구축이 시급하다(국통정책브리프)

[물류행정학 진로 로드맵]

구분	고등1	고등2	고등3
자율활동	학급 반장으로 학급회를 구성해 민주적인 의사결정의 절차를 준수해 공동의 의견을 반영하여 학급문제를 해결해 나감.	문화체험활동에서 지역 내 정착이주민의 문화마을을 방문하여 지역사회 견문을 넓히고, 교과 연계를 통해 토속문화가 세계로 어떻게 뻗어나가는지 경로를 파악하면서 데이터의 중요성을 인식함.	학급 특색활동으로 멘토링 활동에 참여하여 사회교과 멘토 역할을 맡아 학우들의 학습력 증진에 기여함.

		실천하는 인문학 동아리		
동아리 활동		학생모의의회에 참여하여 교내 학생들의 의견을 수렴한 의견을 제출하고 해결책을 마련함. 한·일 고지도 비교분석을 통해 독도 영유권을 정당성을 재인식함.	재외동포의 정체성 확립, 정착 이주민의 다문화 교육에 대한 탐구활동을 통해 개척정신과 민족정신의 중요성을 인식함. 체육관과 운동장에서 동아리 부스를 어떻게 운영하면 좋을지 전체적인 구성을 담당함.	사회봉사단체와의 MOU를 이끌어내 풍수 피해를 입은 해외 아동 돕기 모금활동을 기획하고 이를 추진하여 더불어 사는 지구촌의 나눔을 실천하는 모습을 보임. 러시아로부터 독립한 탈 소비에트 국가들은 포스트 러시아를 주장하며 서방으로 세력을 확장하고 협력하는 것을 억제하기 위해 러-우 전쟁으로 이어지게 되었다고 분석함.
진로 활동		커피를 주제로 한 진로강연을 경청하고 커피의 종류와 생산 및 소비의 역사를 살펴봄. 커피의 세계화 과정과 국가별 생산과 소비실태를 파악해 세계 물류 유통 경로를 학습함.	학과 체험에 참여하여 상경계열 부스를 방문해 대학 진학에 대한 자기주도적 진로설계를 통해 진로역량을 개발함.	선배와의 만남을 통해 학과 정보 및 준비과정, 진로 방향에 대한 구체적인 정보를 얻고 이를 자신의 학습과 활동에 반영하여 독서활동을 강화하는 등의 자기계발에 힘씀.
특기 활동		진로역량 강화 프로그램에 참여하여 S사의 공정무역 경로와 한계점에 대해 정리함.		수업량 유연화 프로그램에 참여하여 '리쇼어링이 세계 물류 및 무역구조에 미치는 영향'에 대해 분석하여 보고서를 제출함.

[창의적 체험활동]

구분		창의적 체험활동상황
1 학 년	진로 활동	커피를 주제로 한 진로강연을 경청하고 커피의 종류와 생산 및 소비의 역사를 살펴봄. 커피의 세계화 과정과 국가별 생산과 소비실태를 파악해 세계 물류 유통의 경로를 학습함. **'공정무역 커피 한 잔에 '갑질'없는 사회', '공정무역 커피 '공정'할까**' 기사를 읽고, 기존의 커피와 공정무역 커피의 허와 실에 대해 조사하면서 가장 이상적인 커피 물류 유통에 관심을 가지고 탐구활동을 진행함. 이후 네스프레소가 커피의 미래를 바탕으로 공유가치 창출을 한 사례를 조사하면서 대안이 될 것이라고 강조함.

2 학년	자율 활동	문화체험활동에서 지역 내 정착 이주민의 문화마을을 방문하여 지역사회 문제점을 파악하고, 개선해야 할 문제를 팀원들과 함께 토의하면서 지역사회 견문을 넓히는 도움을 얻게 되었다고 함. 이후 교과연계를 통해 토속문화가 세계로 어떻게 뻗어나가는지 경로를 파악하면서 데이터를 통해 이를 보다 효과적으로 파악할 수 있음을 알게 됨. 카드 사용데이터를 활용하여 앞으로 유망한 상품과 위치를 파악할 수 있는 것처럼 **'빅데이터, 사람을 읽다'** 도서를 참고하여 문화의 전파경로를 파악하는 데이터가 중요하다는 것을 보고서로 작성함. 이렇게 터득한 지식을 학생들에게 포스터를 제작하여 공지함.
	동아리 활동	**'재외동포의 정체성 확립, 정착 이주민의 다문화 교육'**에 대한 탐구활동을 통해 개척정신과 민족정신의 중요성을 인식하고 이를 바탕으로 발전된 문화를 향유할 수 있음을 깨닫게 되었다고 함. 동아리 부스 운영에서 체육관과 운동장에 부스를 어떻게 운영하면 좋을지 전체적인 구성을 담당하고 학생들이 체험할 수 있는 기회를 높일 수 있도록 구성하는데 기여함. 이 활동을 통해 스마트 물류를 위한 IT기술의 중요성을 인식하고 **'로지스틱스 4.0'** 책을 읽으면서 꿈을 구체화함.
3 학년	동아리 활동	사회봉사단체와의 MOU를 이끌어내 풍수 피해를 입은 해외 아동 돕기 모금활동을 기획하고, 이를 추진하여 더불어 사는 지구촌의 나눔을 실천하는 모습을 보임. 러시아로부터 독립한 탈 소비에트 국가들은 정치·경제·군사적 안보적 이해관계를 바탕으로 포스트 러시아를 주장하며 서방으로 세력을 확장하고 협력하는 것을 억제하기 위해 러-우 전쟁으로 이어지게 되었다고 분석함. 전쟁 후 **나라 재건을 위한 방법을 고안**하는 등 폭넓은 세계 지식을 가지고 있음.

[교과 세특]

	구분	세부내용 및 특기사항
1 학년	기술가정	지속가능한 소비생활 문화를 학습하고 **공정무역**에 대해 궁금증을 느껴 교과 간 연계 학습을 창의적으로 펼쳐 자유무역과 비교하여 이를 보고서로 작성함. 수업에 대한 참여도가 매우 높고 이를 자신의 관심 분야와 연결지어 학습하는 등 진로를 개척하여 강화하는 모습을 보임.
2 학년	확률과 통계	발표 및 모둠활동의 조장으로서 모둠수업에서 모둠토의 및 발표를 진행하는 데 능숙하여 팀을 이끄는 능력을 보여줌. 수학 문제 만들기 프로젝트에서 모둠별로 확률과 통계를 다룬 도서를 선정하여 읽고, 토론하며 문제를 만드는 과정에서 출제자의 의도를 파악하고 문제를 만드는 과정을 이해하도록 함. 극히 낮은 확률로 현실에서 우연히 일어나는 무질서해 보이는 일들도 많은 사례가 모이면 확률이라는 규칙이 됨을 모둠원에게 설명하고 이러한 사례를 조사하여 통계 프로그램을 활용해 포스터를 제작함.
	영어I	자신의 관심 분야인 **'우리나라의 해외무역과 관련하여 세계적인 허브로써의 역할을 전망'**하고, 주요 무역상품과 관련된 내용을 조사하고 스스로의 힘으로 영작을 하면서 경제와 어문 분야에서 높은 흥미와 잠재력을 보여줌.

3 학 년	한국사	학습의 목적을 올바르게 이해하고 늘 균형잡힌 시각으로 역사를 학습하려고 노력함. 특히, 벽란도를 중심으로 이루어진 고려의 대외 무역에 높은 관심을 보여, **고려가 어떻게 동아시아 국제 무역의 중심지**가 될 수 있었는지에 관심을 갖고, 고려 내부의 정치적 특징, 지리적 장점의 이용, 개방 정책 등을 꼼꼼히 살펴보는 탐구 태도를 보여줌.
	경제수학	**'무역과 비교우위'**를 주제로 자신의 진로와 관련된 수학에 대해 발표함. 적절한 예시를 들어가며, 무역이 왜 필요한지를 비교우위라는 개념을 활용해 설명함. 무인도에 표류한 사람이 살아남기 위한 방법을 통해 비교우위를 어떻게 고려해 최적의 효율을 얻어낼 수 있는지를 설명함. 해당 개념과 문제에 대한 이해도가 매우 높아 급우들의 질의에도 막힘없이 대답하는 우수함을 보임.

물류행정학계열 추천도서와 탐구 주제 찾기

[추천도서]

[탐구 주제 찾기]

과목	단원	탐구 주제
통합 사회	자본주의와 합리적 선택	관세 자유지역으로 글로벌 물류기업 유치 탐구
	시장경제에서 시장 참여자들의 역할	클러스터를 형성하여 시장경쟁력 확보 탐구
	자산관리와 금융 생활 설계	금융 물류 허브 경쟁력 확보 방향 탐구
	자원과 지속가능한 발전	폐배터리 회수율을 높일 수 있는 방향 탐구
통합 과학	신소재의 개발과 이용	그래핀 신소재 확장성 탐구
	지구환경변화와 인간생활	주요 환경재해를 파악하고 이를 대비할 방향 탐구
	생명시스템에서의 정보의 흐름	팬데믹 상황에 효과적으로 약품을 제공할 수 있는 시스템 탐구
	전기에너지의 생산과 수송	신재생에너지 지역별 생산량 탐구
수학	경우의 수(경우의 수와 순열)	교통 시스템 최소 거리를 활용한 효율적인 제품 운반 경로 탐구
	도형의 방정식(도형의 이동)	프랙탈 구조를 활용한 기업의 서비스 방법 탐구
	방정식과 부등식(여러 가지 부등식)	원료의 투입과 활용을 통해 최대이윤을 얻기 위한 생산 관리 탐구

→ 핵심 키워드로 알아보는 물류행정학

물류, 글로벌시작, 국제, 수혜, 항만, 무역, 동북아, 싱가포르, 홍콩, 비즈니스, 운송, 선험, 경쟁력, 정책, 마케팅, 중국, 공급사슬, 해운

ⓐ DBpia에서 가장 많이 검색된 논문

 ㉠ 미국의 양적완화가 한·미 무역관계에 미치는 영향 : 우리나라 주요 수출 품목을 중심으로. 경인행정학회

 ㉡ 수도권 정책 및 입지규제에 대한 지역 간의 인식 차이에 관한 연구. 한국 도시행정학회

 ㉢ 병원 통합물류시스템(SCM)이 물류 업무성과에 미치는 영향. 한국간호 행정학회

 ㉣ 시나리오 플래닝 기법을 활용한 두만강 하위지역협력 활성화 연구. 한 국도시행정학회

 ㉤ 강원도 남북교류비전과 정책전망. 강원행정학회

ⓑ 시사를 활용한 탐구활동

물류행정
육상, 해상, 항공을 포괄하는 물류행정 통합 시스템 구축과 정책 수립하는 것

국제무역
국제 간에 행해지는 상품교환, 자국·타국 이라는 주관적인 입장을 떠나, 물품이 적으로 교류되는 것

국제교역
국가 간의 상품과 서비스의 판매나 교환

출처 : 사이언스온(https://scienceon.kisti.re.kr/)

논문	E-Commerce을 활용한 스마트형 물류창고 부동산 가치형성요인에 관한 연구(2022)
	대학의 전공역량에 대한 산업체 수요조사 연구; 국제물류 전공을 중심으로(2022)
	관세행정질서 확립차원에서 국제물류주선업자의 수출입공급망관리 문제점⋯(2022)
특허	물품의 가격 자동산출을 통한 국제 무역 자동 전산 시스템(2021)
	물류 관리 시스템(2022)
	쓰레기봉투 물류 전산화 시스템 및 그 방법(2003)
보고서	로봇기업 디지털 무역·고용 V-City(Virtual City) 실증(2022)
	블록체인 기반 탈중앙화 신원 증명(DID) 플랫폼 연구(2022)
	디지털 라이브 국토정보 기술개발사업 기획(2021)
동향	AI로 실내공기 개선하고 재활치료시스템 마련한다(2021)
	가상현실 활용한 부산 항만근로자 안전교육장 만든다(2021)
	'수소법' 내일부터 시행⋯전문기업 육성·특화단지 지정(2021)

출처 : 사이언스온(https://scienceon.kisti.re.kr/)

→ 물류행정학에서 수강하는 대표 과목

[물류행정학과 대학에서 이수하는 교과]

교양필수	물류관리론, 경영학원론, 경제학원론, 비즈니스커뮤니케이션, 물류영어, 회계학원론
전공필수 및 전공선택	CJ 대한통운 물류 신기술과 혁신방법론, CJ 대한통운 물류비즈니스, CJ 대한통운 컨설팅 방법론, 공급사슬사례연구, 국제물류론, 국제물류세미나, 국제물류시장분석, 국제물류전략, 국제물류정보론, 국제물류정보실습, 국제복합운송, 국제상거래법, 글로벌 공급사슬관리, 동북아물류혁신론, 무역실무론, 물류계량분석, 물류관련법규, 물류시스템분석, 물류위험관리, 물류인턴십, 물류정책론, 보관하역론, 운송물류경제론, 컨테이너물류, 통상과 지역연구, 항공운송개론, 항공운송물류, 항공운송정책론, 해상물품운송법, 해상보험론, 해상운송론, 현대글로비스 물류비즈니스, 화물운송론 등

[물류행정학과 진학에 도움이 되는 교과]

교과영역	교과(군)	공통과목	선택 과목	
			일반선택	진로선택
기초	국어	국어	화법과 작문, 독서, 문학, 언어와 매체	심화국어, 고전읽기
	수학	수학	수학I, 수학II, 미적분, 확률과 통계	기하, 경제수학, 인공지능 수학
	영어	영어	영어회화, 영어I, 영어II, 영어 독해와 작문	진로영어, 영어권문화
	한국사	한국사		
탐구	사회	통합사회	경제, 정치와법, 사회문화, 윤리와 사상	사회문제탐구, 사회과제 연구, 고전과윤리
	과학	통합과학 과학탐구 실험		과학과제탐구, 과학사, 생활과 과학
생활 교양	기술·가정		기술가정, 정보	인공지능 기초, 정보과학, 프로그래밍, 빅데이터분석
	교양		실용경제, 제2외국어I, 철학, 심리학, 논리학	

※ 별색 : 핵심 권장 과목, 밑줄 : 배우면 좋을 과목

비즈니스학 진로 로드맵

➔ 비즈니스학 합격자 선배들의 진로 로드맵과 세특

코로나-19로 유통업계의 디지털 전환이 급속도로 전개되면서 빅블러(Bic Blur) 현상이 곳곳에서 발견되고 있고, 기술의 발전을 통해 산업·업종 간 경계가 사라지고 있다. 빅블러는 산업 간 경계가 융화되는 현상으로 글로벌 기업 아마존이 가장 대표적이다.

아마존은 대표적인 유통기업이자 IT기업으로 다양한 영역의 비즈니스를 아우르며 유통산업 경계를 허물고 있다. 아마존은 온라인과 오프라인을 연결한 무인 매장 시스템을 '아마존고'라는 이름으로 세계 최초로 선보였다. 이러한 첨단 기술을 접목한 물류 시스템을 통해 최고의 물류기업으로 거듭나게 되었다.

유통업계 전반에 걸쳐 공통적으로 관찰되는 빅블러 현상은 온·오프라인 간 경계 붕괴이다. 전통적인 오프라인 기업이 온라인에서 파격적인 행보를 보이고 있다. 이커머스 기업은 반대로 오프라인으로의 영토를 확장하고 있다. 소비자도 물건을 구매할 때 오프라인 매장에 가서 제품을 확인하고 온라인으로 구매하는 등 온·오프라인을 넘나들며 쇼핑을 하고 있다.

산업 간 경계가 흔들리면서 배송 속도 경쟁으로 유통산업과 물류산업이 뒤섞이고 있다. 유통산업에서 기술의 중요성이 증대되면서 IT기업인지 유통기업인지 정체성을 구분하기 어려운 기업들이 생겨나고 있다.

빅블러(Big Blur)
"생산자-소비자, 온-오프라인, 제품-서비스 간 경계가 융화되는 현상"

채널	산업	소비자
• 온라인 기업과 오프라인 기업의 영역 구분이 흐려짐 • 온·오프라인을 자유롭게 넘나드는 소비자 행동이 나타남	• 기술 발전 및 기업의 비즈니스 영역 확장으로 유통, 물류, ICT, 미디어 등 여러 산업 간 경계가 융화되는 현상 발생	• 프로슈머(Prosumer) 등장 및 중고거래 활성화 등으로 시장에서의 역할 구분이 모호해지며 생산자와 소비자, 구매자와 판매자 역할 혼재

출처 : 당신이 알던 모든 경계가 사라진다(조용호, 삼정 KPMG 경제연구원)

빅블러 현상이 심화되면서 유통업계 내 새로운 비즈니스 형태가 등장하고 있다. 오프라인 유통은 빅블러 현상과 함께 본질이 변화하며 공간 비즈니스로 진화하고 있다. 유통과 물류, IT산업이 결합하고 코로나-19로 온·오프라인 경계가 흐려지면서 퀵커머스라는 새로운 비즈니스가 유통업계에서 급속도로 확산 중이다. 특히, 1인 가구의 증가와 좋은 재료와 먹거리의 선호도가 높아지면서 로컬 플랫폼이 떠오르고 있다.

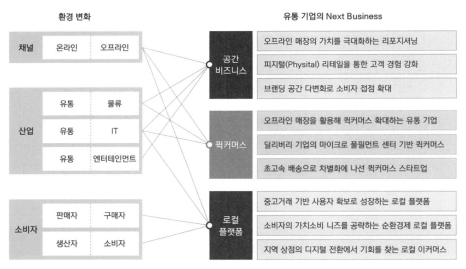

출처 : 경영환경 변화에 따른 유통기업의 신규 비즈니스 기획(삼정 KPMG 경제연구원)

오프라인 매장에 IT기술을 도입하여 소비자의 오프라인 경험을 향상시키는 피지털 리테일이 유통·소비재 기업의 주목을 받고 있다. 피지털 리테일은 오프라인 공간을 의미하는 피지컬(Physical)과 디지털(Digital)이 합성된 용어로 디지털 기술을 활용해 오프라인 공간에서 고객 경험을 강화하는 것을 의미한다. 피지털 리테일 매장은 기술의 발전과 함께 디지털 네이티브로 불리는 MZ세대가 주력 소비자로 등장하면서 더욱 부상하게 되었다.

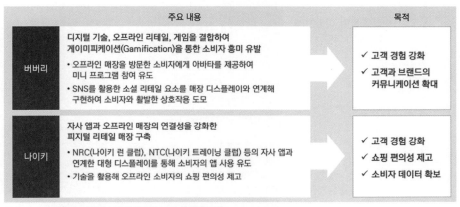

	주요 내용	목적
버버리	디지털 기술, 오프라인 리테일, 게임을 결합하여 게이미피케이션(Gamification)을 통한 소비자 흥미 유발 • 오프라인 매장을 방문한 소비자에게 아바타를 제공하여 미니 프로그램 참여 유도 • SNS를 활용한 소셜 리테일 요소를 매장 디스플레이와 연계해 구현하여 소비자와 활발한 상호작용 도모	✓ 고객 경험 강화 ✓ 고객과 브랜드의 커뮤니케이션 확대
나이키	자사 앱과 오프라인 매장의 연결성을 강화한 피지털 리테일 매장 구축 • NRC(나이키 런 클럽), NTC(나이키 트레이닝 클럽) 등의 자사 앱과 연계한 대형 디스플레이를 통해 소비자의 앱 사용 유도 • 기술을 활용해 오프라인 소비자의 쇼핑 편의성 제고	✓ 고객 경험 강화 ✓ 쇼핑 편의성 제고 ✓ 소비자 데이터 확보

출처 : 피지털 경험 제공 사례(삼정 KPMG 경제연구원)

[비즈니스학 진로 로드맵]

구분	고등1	고등2	고등3
자율 활동	수학 멘토로 참여함.	학급특색활동으로 키오스크의 단점을 보완할 수 있는 방법을 탐구함.	학급특색활동으로 유통 중간마진을 줄일 수 있는 라이브 커머스 시장과 발전 방향을 탐구함.
동아리 활동	시사토론동아리		
	아마존 기업의 성공을 통해 쿠팡의 성공 전략을 탐구함.	아마존고를 벤치마킹하여 한국형 모델을 탐구함.	1인 미디어 커머스의 성장으로 미디어 커머스 시장의 성공 사례를 탐구함. 스마트폰 하나로 미디어 커머스를 구현하는 방법을 조사함.
진로 활동	진로탐색활동으로 아마존의 플라이휠의 전략에 대해 탐구함.	진로탐색활동으로 온라인 기업이 오프라인 매장을 오픈하는 이유를 탐구함.	진로탐색활동으로 e비즈니스 시장의 전망과 필요한 기술에 대해 조사함.

특기 활동	아마존 웹서비스와 로봇 서비스를 기반으로 아마존의 예측 배송 시스템을 통해 빠른 배송 서비스를 제공할 수 있는 이유를 들어 '아마존은 유통기업이 아니다'라고 발표함.	고령층이 편리하게 사용할 수 있는 키오스크를 탐구함.	스마트 유통물류 시스템으로 로봇 창고 시스템과 스마트 항만을 조사 탐구함.

[창의적 체험활동]

구분		창의적 체험활동상황
1 학 년	동아리 활동	**'아마존 기업의 성공을 통해 쿠팡의 성공 전략'**을 탐구함. 아마존이 자체 멤버십으로 아마존에서 물건을 구매하고 영화, 노래를 들을 수 있도록 하여 다른 사업까지 확장하여 성공한 것처럼, 쿠팡이 성공하기 위해서는 아마존의 '플라이휠 전략'을 적용하여 커머스와 콘텐츠 플랫폼을 연계하여 쿠팡서비스만을 이용할 수 있도록 구성하는 것이 좋을 것이라고 분석하여 발표함.
2 학 년	자율 활동	학급특색활동으로 **'키오스크의 단점을 보완할 수 있는 방법'**을 탐구함. 메뉴 선택부터 시작해 결제까지 다양한 절차를 거쳐 이용해야 하는데 이를 스마트폰과 연동하여 매장에 도착하기 전에 사전 주문과 결제가 이루어지도록 한다면 더 편리할 것이라는 아이디어를 제시하였음. 또한 이전에 주문한 정보를 바탕으로 그대로 주문할 수 있는 버튼을 통해 빠르게 주문할 수 있는 시스템이 구현되면 좋겠다고 제안하는 등 활동에 적극적으로 참여함.
	진로 활동	진로탐색활동으로 **'온라인 기업이 오프라인 매장을 오픈하는 이유'**를 탐구함. 온라인으로 발생하는 매출보다 오프라인 매출이 8배 정도 더 높다는 분석자료를 바탕으로 오프라인 매장을 통해 직접 입어보고 온라인에서 구매하는 MZ세대들의 특성도 고려한 전략임을 알게 되었다고 함. 이후 가상 피팅기기를 적용한 기업의 매출 상승과 반품 감소로 인한 이익을 조사하고, 비주얼 서치 기능을 탑재한 '이케아 플레이스'처럼 증강현실을 활용하여 사이즈와 색깔까지 확인하고 주문하여 반품을 줄일 수 있는 새로운 기술의 발달이 이커머스 시장에 꼭 필요한 기술이라고 강조하였음.
3 학 년	자율 활동	학급특색활동으로 **'유통 중간마진을 줄일 수 있는 라이브 커머스 시장과 발전방향'**을 탐구함. TV홈쇼핑처럼 모바일 플랫폼에서 쇼호스트가 실시간으로 제품을 설명하고 궁금한 내용에 대해 답변하고, 시연을 통해 매출을 극대화하는 플랫폼을 산지농부가 직접 운영하면 더 많은 이익을 얻을 수 있을 것이라며 라이브 커머스의 장점을 부각함. 앱 하나만 실행하면 자신의 농산물을 바로 소개할 수 있어 라이브 커머스 시장은 더욱 성장할 것이라고 발표함. 또한 시골은 비슷한 농작물을 재배하여 공동으로 판매하는 시스템이 갖추어져 있기에 마을회관에서 이를 소개하고 판매할 수 있도록 연계하는 것이 좋겠다는 아이디어를 제시함.

3학년	동아리 활동	1인 미디어 커머스의 성장으로 그 주제도 매우 다양하다는 것을 확인함. 먹방·쿡방, 운동, 게임, 음악·댄스, 재테크·정보전달 등 다양한 1인 미디어 콘텐츠로 많은 사람들이 직장을 그만 두고 전업을 할 정도로 인기가 많다는 것을 확인한 후, **'미디어 커머스 시장의 성공 사례'**를 주제로 탐구함. 스마트폰 하나로 미디어 커머스를 구현하는 방법을 조사함. **'대한민국 모바일 라이브 커머스'**, **'라이브 커머스 24시'** 책을 읽으면서 생각보다 다양한 앱을 통해 쉽게 라이브 커머스를 할 수 있다는 것을 알게 됨.
	진로 활동	진로탐색활동으로 MZ세대뿐만 아니라 모든 연령에서 디지털로 전환되고 있어 **'e비즈니스 시장의 전망과 필요한 기술'**에 대해 조사함. 프리시던스리서치 등 글로벌 시장조사결과를 바탕으로 2021년 디지털전환 시장 규모는 약 630조원으로 한국 정부 본예산과 비슷한 규모로 2030년까지 연평균 14.9%에서 20% 이상도 성장할 것이기에 디지털전환(DT)이 필수적이라고 강조함. 특히, 클라우드 컴퓨팅, 인공지능(AI), 사물인터넷(IoT) 등과 접목되어 발전하기에 이를 이해하고 활용할 수 있는 능력이 필요하다고 인문계 학생도 관련 기술을 배울 것을 주장함.

[교과 세특]

	구분	세부내용 및 특기사항
1학년	개인별 세특	**'아마존, 세상의 모든 것을 판매한다'**는 모토 아래 고객의 구매 기록 데이터를 기반으로 아마존 웹서비스와 로봇 서비스를 기반으로 아마존의 예측 배송 시스템을 통해 빠른 배송 서비스를 제공할 수 있는 이유를 들어 **'아마존은 유통기업이 아니다'**라고 발표함. 아마존은 킨들, 에코, 알렉사 등 다양한 고객 정보를 기반으로 맞춤형 서비스를 제공하기에 데이터 기업이라고 근거를 들어 발표함.
2학년	수학I	**'수학시간에 계산기 사용을 허용해야 할까?'**를 주제로 토론활동에서 찬성 측 입론을 맡아 수학적 사고력 향상과 다양한 도구 활용능력을 향상시킬 수 있다는 내용으로 설득력 있게 주장함. 코로나 기간 스마트 기기 보급을 통해 어플리케이션으로 계산기 어플뿐만 아니라 다양한 수학적 앱을 활용하여 문제해결능력을 높이는 방향으로 활용하는 것이 좋다는 근거를 제시함.
	화법과 작문	**'식욕마케팅'**에 대해 설명하는 지문을 읽고, **'멍청한 소비자들'** 책을 추가로 읽고 오감을 활용한 사람들의 심리를 활용하여 마케팅을 하는 방법을 알게 됨. 이후 **'어떠한 감각을 자극할 때 더 많은 식욕이 발생할까?'**를 주제로 학급 친구들을 대상으로 직접 설문조사를 진행한 결과를 발표함.
	수학II	수학신문 만들기 활동에서 **'미국 기준금리 인상이 한국경제에 미치는 영향'**에 대해 수학적으로 잘 분석하여 발표함. 또한 브라운 운동을 통한 투기이론을 바탕으로 프랑스 수학자 바슐리에가 주가의 변동에 접목시켜 주식가격, 이자율, 외환 등 금융시장의 모형에 수학적 확률론이 응용될 수 있다고 언급한 내용을 발표함. 특히, 사례를 환율 그래프로 나타내어 친구들을 쉽게 이해시켜 박수를 받음. 등비수열의 상환, 예금, 적금에 대해 조사하고 문제를 직접 풀어보는 데 탁월한 재능을 보임.

2학년	개인별 세특	'키오스크 앞에 멈춰 선 노인들' 기사를 읽고, 고령층이 편리하게 사용할 수 있는 키오스크를 탐구함. 단계가 너무 많아 복잡하고, 선택하는 데 어려움이 많으며, 결제하는 것도 어려워한다는 것을 파악하고, 대면 주문이 가능하게 하고 그림 이미지도 크게 보여주어 결정하기 쉽도록 하는 것이 중요하다는 것을 파악함. 직접 제작할 수 없어 아쉬움을 느끼고 이런 변화를 주는 데 기여하고 싶다고 포부를 밝힘.
3학년	사회문화	미시적, 거시적 관점에 대해 학습한 후 세계 경제의 흐름을 이해하기 위해서는 거시 경제학이 중요함을 깨닫고 '거시금융경제학' 도서를 읽음. 미래 통화에 관심을 가지고 암호화폐와 블록체인 기술을 통해 투명한 거래가 가능함을 알게 됨. 청년실업을 주제로 청년실업의 원인과 정책적 대책방안을 수립하는 것의 중요성을 인식하고, '청년실업미래보고서' 도서를 읽고, 지나친 교육이 일자리 눈높이를 높인다는 것을 확인함. 창업을 통한 일자리 창출의 기회를 넓히는 것이 4차 산업혁명시대의 새로운 대안이 될 것이라고 주장함.
	개인별 세특	'제조업의 미래, 스마트 팩토리' 영상을 시청한 후 스마트 유통물류 시스템에 관심을 가지고 로봇 창고 시스템을 적용하여 작업효율을 3.8배 향상시킨 아마존 사례와 스마트 항만을 실현한 독일 항만 사례를 소개함. ICT를 접목하면 소비자의 눈높이에 맞춘 자동화가 진행될 수 있다는 사실에 큰 관심을 가짐.

➔ 비즈니스학계열 추천도서와 탐구 주제 찾기

[추천도서]

[탐구 주제 찾기]

과목	단원	탐구 주제
통합 사회	자본주의와 합리적 선택	뉴노멀 재택근무로 인해 변화된 사회 탐구
	시장경제에서 시장 참여자들의 역할	재택근무 증가로 주목받는 협업 플랫폼 탐구
	자산관리와 금융 생활 설계	스태그플레이션 상황 부채 관리 방법 탐구
	자원과 지속가능한 발전	도시광산 재자원화 비즈니스 탐구
통합 과학	신소재의 개발과 이용	수요맞춤형 신소재 개발 경쟁력 탐구
	지구환경변화와 인간생활	탄소세 배출권 거래 활성화 방안 탐구
	생명시스템에서의 정보의 흐름	글로벌 디지털 헬스케어 비즈니스 모델 탐구
	전기에너지의 생산과 수송	무선 충전 기술 탐구
수학	방정식과 부등식(여러가지 방정식, 여러 가지 부등식)	수학적 모델링을 활용한 기업 시스템 탐구
	경우의 수(경우의 수와 순열, 조합)	경우의 수, 확률의 아이템을 이용한 기업의 허와 실 탐구
	방정식과 부등식(여러 가지 방정식)	제품 생산에 영향을 미치는 제한적 요소를 이용한 최적화 탐구

➡ 핵심 키워드로 알아보는 비즈니스학

전선, 중국, 글로벌, 소비자, 비즈니스, 중국어, 무역, 통상, 마케팅, 거래법, 금융, 변경, 트렌드, 상거래, 국제, 변경, 기업, 남경, 물류

ⓐ DBpia에서 가장 많이 검색된 논문

㉠ 삼성휴대폰의 중국시장 마케팅전략에 관한 연구 : STP 전략 및 7P 전략 중심으로. 건국대학교 대학원

㉡ 문화 가치를 중시한 e-비즈니스 전략 논의 : 국제e-비즈니스학회 10주년을 기념하며. 국제 e-비즈니스학회

㉢ 중국에 진출한 외국 외식 프랜차이징 기업의 핵심성공 요인에 관한 사례연구. 영남대학교 대학원

㉣ 인도시장 진출 중국 다국적 기업의 현지화 전략에 관한 사례연구 : 휴대폰 기업의 현지화 사례를 중심으로. 건국대학교 대학원

㉤ 3D 가상 인플루언서에 대한 소비자 인식 연구. 계명대학교

ⓑ 시사를 활용한 탐구활동

출처 : 사이언스온(https://scienceon.kisti.re.kr/)

 논문	인공지능 챗봇 서비스의 만족과 불만족에 관한 연구(2022)
	증권투자신탁과 비트코인 가격 간의 상호영향에 관한 연구(2022)
	물품매매계약에서의 블록체인 구현에 관한 연구(2022)
 특허	각종 콜 센터 V O C 음성 빅데이터를 이용한 고객 C R M 플랫폼 시스템(2016)
	대용량 데이터를 처리하기 위하여 S Q L 파싱에 의한 2단계 쿼리…(2014)
	온라인 설계 협업 시스템 및 방법(2006)
 보고서	분산형자원 기술동향 분석 및 제도 개선사항 연구(2022)
	데이터 규칙 기반 제조데이터 품질평가 국제표준 및 OPC UA…(2021)
	현장 중심의 RPA 기술 동향과 2021 추진 과제(2020)
 동향	한국 에너지 산업의 미래, 발전과 ESG를 위한 국내외 협력(2022)
	마케팅에도 불어온 '디지털 전환'의 바람(2021)
	AI 없이 살 수 없는 시대가 온다(2019)

출처 : 사이언스온(https://scienceon.kisti.re.kr/)

➡ 비즈니스학에서 수강하는 대표 과목

[비즈니스학과 대학에서 이수하는 교과]

교양필수	기업가 정신과 경영, 비즈니스 영어, R프로그래밍, 회계학원론, 경제원론
전공필수 및 전공선택	국제상거래법, 시장조사방법, 계량경영, 경영의사전달, 세법, 소비자행동론, 마케팅조사론, 창업론, 빅데이터, 데이터 에널리틱스-머신러닝, 생산운영관리, 재무회계, 고객관계관리, 세무회계, 투자론, 재무관리, 광고론, 데이터베이스 마케팅, 유통경로관리론, 신제품 마케팅, 소매전략, 서비스관리, 협상론, 조직문화, 조직변화, 전략경영, 경영시뮬레이션, 창업실습, 회계감사, 인적자원관리, 경영소프트웨어 등

[비즈니스학과 진학에 도움이 되는 교과]

교과영역	교과(군)	공통과목	선택 과목	
			일반선택	진로선택
기초	국어	국어	화법과 작문, 독서, 문학, 언어와 매체	심화국어, 고전읽기
	수학	수학	수학I, 수학II, 미적분, 확률과 통계	기하, 경제수학, 인공지능 수학
	영어	영어	영어회화, 영어I, 영어II, 영어 독해와 작문	진로영어, 영어권문화
	한국사	한국사		
탐구	사회	통합사회	경제, 정치와법, 사회문화, 윤리와 사상	사회문제탐구, 사회과제 연구, 고전과윤리
	과학	통합과학 과학탐구 실험		과학사, 생활과 과학
생활 교양	기술·가정		기술가정, 정보	인공지능 기초, 정보과학, 프로그래밍, 빅데이터분석
	교양		실용경제, 제2외국어I, 철학, 심리학, 논리학	

※ 별색 : 핵심 권장 과목, 밑줄 : 배우면 좋을 과목

부록

고교학점제 들여다보기

➡️ 고등학교 교육과정의 이해

- 고등학교 교육과정은 교과(군)와 창의적 체험활동으로 편성한다.
- 고등학교 교육과정의 총 이수 학점은 192학점이며 교과(군) 174학점, 창의적 체험활동 18학점(306시간)으로 나누어 편성한다. 단, 특성화고와 산업수요맞춤형고는 창의적 체험활동을 18학점(288시간)으로 편성한다.
- 학교는 학생이 3년간 이수할 수 있는 과목을 학년별, 학기별로 편성하여 학생과 학부모에게 안내하도록 한다.

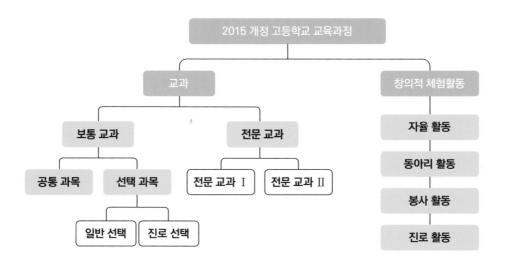

- 교과는 보통 교과와 전문 교과로 구분한다.
- 보통 교과의 영역은 기초, 탐구, 체육·예술, 생활·교양으로 구성하며, 교과(군)는 국어, 수학, 영어, 한국사, 사회(역사/도덕 포함), 과학, 체육, 예술, 기술·가정/제2외국어/한문/교양으로 한다.

- 보통 교과는 공통 과목과 선택 과목으로 구분한다. 공통 과목은 국어, 수학, 영어, 한국사, 통합사회, 통합과학(과학탐구실험 포함)으로 하며, 선택 과목은 일반 선택 과목과 진로 선택 과목으로 구분한다.
- 전문 교과는 전문 교과 I 과 전문 교과 II로 구분한다.
- 전문 교과 I 은 과학, 체육, 예술, 외국어, 국제 계열에 관한 과목으로 한다.
- 창의적 체험활동은 자율활동, 동아리활동, 봉사활동, 진로활동으로 한다.

[전문 교과 I]

교과(군)	과목			
과학 계열	심화 수학 I 고급 물리학 물리학 실험 정보과학	심화 수학 II 고급 화학 화학 실험 융합과학 탐구	고급 수학 I 고급 생명과학 생명과학 실험 과학과제 연구	고급 수학 II 고급 지구과학 지구과학 실험 생태와 환경
체육 계열	스포츠 개론 체조 운동 체육 전공 실기 기초 스포츠 경기 체력	체육과 진로 탐구 수상 운동 체육 전공 실기 심화 스포츠 경기 실습	체육 지도법 개인·대인 운동 체육 전공 실기 응용 스포츠 경기 분석	육상 운동 단체 운동
예술 계열	음악 이론 합창 미술 이론 입체 조형 무용의 이해 무용 음악 실습 문예 창작 입문 고전문학 감상 극 창작 연극의 이해 연극 감상과 비평 영화 제작 실습 사진의 이해 사진 표현 기법	음악사 합주 미술사 매체 미술 무용과 몸 안무 문학 개론 현대문학 감상 연기 영화의 이해 영화 감상과 비평 기초 촬영 영상 제작의 이해	시창·청음 공연 실습 드로잉 미술 전공 실기 무용 기초 실기 무용과 매체 문장론 시 창작 무대기술 영화기술 암실 실기 사진 영상 편집	음악 전공 실기 평면 조형 무용 전공 실기 무용 감상과 비평 문학과 매체 소설 창작 연극 제작 실습 시나리오 중급 촬영 사진 감상과 비평

외국어 계열	심화 영어 회화Ⅰ 심화 영어 독해Ⅰ 전공 기초 독일어 독일어 독해와 작문Ⅱ 전공 기초 프랑스어 프랑스어 독해와 작문Ⅱ 전공 기초 스페인어 스페인어 독해와 작문Ⅱ 전공 기초 중국어 중국어 독해와 작문Ⅱ 전공 기초 일본어 일본어 독해와 작문Ⅱ 전공 기초 러시아어 러시아어 독해와 작문Ⅱ 전공 기초 아랍어 아랍어 독해와 작문Ⅱ 전공 기초 베트남어 베트남어 독해와 작문Ⅱ	심화 영어 회화Ⅱ 심화 영어 독해Ⅱ 독일어 회화Ⅰ 독일어권 문화 프랑스어 회화Ⅰ 프랑스어권 문화 스페인어 회화Ⅰ 스페인어권 문화 중국어 회화Ⅰ 중국 문화 일본어 회화Ⅰ 일본 문화 러시아어 회화Ⅰ 러시아 문화 아랍어 회화Ⅰ 아랍 문화 베트남어 회화Ⅰ 베트남 문화	심화 영어Ⅰ 심화 영어 작문Ⅰ 독일어 회화Ⅱ 프랑스어 회화Ⅱ 스페인어 회화Ⅱ 중국어 회화Ⅱ 일본어 회화Ⅱ 러시아어 회화Ⅱ 아랍어 회화Ⅱ 베트남어 회화Ⅱ	심화 영어Ⅱ 심화 영어 작문Ⅱ 독일어 독해와 작문Ⅰ 프랑스어 독해와 작문Ⅰ 스페인어 독해와 작문Ⅰ 중국어 독해와 작문Ⅰ 일본어 독해와 작문Ⅰ 러시아어 독해와 작문Ⅰ 아랍어 독해와 작문Ⅰ 베트남어 독해와 작문Ⅰ
국제 계열	국제 정치 한국 사회의 이해 현대 세계의 변화	국제 경제 비교 문화 사회 탐구 방법	국제법 세계 문제와 미래 사회 사회과제 연구	지역 이해 국제 관계와 국제기구

① 전문 교과Ⅰ 과목의 이수 학점은 시·도 교육감이 정한다.
② 국제 계열 고등학교에서 이수하는 외국어 과목은 외국어 계열 과목에서 선택하여 이수한다.

🠖 국어, 수학, 영어, 사회, 과학 교과의 주요 선택 과목

[국어]

과목	배우는 내용 및 특성
화법과 작문	다양한 주제의 글을 바탕으로 효과적으로 소통하는 능력을 기르도록 하는 과목. 화법과 작문의 본질/화법의 원리와 실제/작문의 원리와 실제/화법과 작문의 태도. 이 과목과 '언어와 매체' 중 한 과목을 수능(국어)에서 선택함
독서	'국어'의 읽기 영역을 심화·확장한 과목으로, 다양한 주제와 유형의 글을 폭넓게 읽어 삶을 풍부하게 하는 과목. 독서의 본질/독서의 방법/독서의 분야/독서의 태도. 이 과목은 수능(국어)에서 공통과목임

언어와 매체	언어와 매체의 본질을 이해하고 이를 실제 의사소통에 활용하는 능력과 태도를 기르는 과목. 언어와 매체의 본질/국어의 탐구와 활용/매체 언어의 탐구와 활용/언어와 매체에 관한 태도. 이 과목과 '화법과 작문' 중 한 과목을 수능(국어)에서 선택함
문학	문학과 관련한 다양한 활동을 바탕으로 문학 작품을 창작. 감상하는 능력을 기르고 문학에 대한 소양과 태도를 기르는 과목. 문학의 본질/문학의 수용과 생산/한국 문학의 성격과 역사/문학에 대한 태도. 이 과목은 수능(국어)에서 공통과목임
심화 국어	'국어'에서 학습한 결과를 바탕으로 심화된 학문 탐구 능력을 향상시키기 위한 진로 선택 과목. 논리적 사고와 의사소통/비판적 사고와 문제 해결/창의적 사고와 문화 활동/윤리적 사고와 학문 활동
고전 읽기	'국어'에서 학습한 결과를 바탕으로 다양한 고전을 읽으며 더욱 수준 높은 교양을 갖추고 다양한 분야의 진로에 필요한 지혜와 소양을 기르는 과목. 고전의 가치/고전의 수용/고전과 국어 능력/고전과 삶

[수학]

과목	배우는 내용 및 특성
수학 I	지수로그함수, 삼각함수, 수열 3개의 핵심 개념 영역을 학습함으로써 수학의 규칙성과 구조의 아름다움을 음미하고, 수학의 지식과 기능을 활용할 수 있는 과목
수학 II	사회 및 자연 현상을 이해하기 위한 수학적 개념인 함수의 극한과 연속, 미분, 적분에 관련된 원리와 법칙에 대해 학습하는 과목
미적분	미적분학을 '수학 II'에 이어 심화 학습하여 사회.과학 현상에 접목될 수 있도록 지수함수, 로그함수, 삼각함수의 영역까지 미적분의 개념을 확장하여 학습하는 과목
확률과 통계	데이터 중심의 현대 정보화 사회에서 데이터를 이해하고 활용하는 기본 소양을 기르는 과목. 사건이 일어날 가능성을 수치화한 확률뿐 아니라 자료를 수집, 정리, 해석하는 통계에 대해 학습하는 과목
기하	이차곡선, 평면벡터, 공간도형과 공간좌표에 관하여 학습하며 기하적 관점에서 심화된 수학 지식을 이해하고 활용하도록 하는 과목
경제 수학	수학의 지식과 기능을 활용하여 실생활에서 접할 수 있는 경제 및 금융의 기본 개념을 이해하는 과목
수학과제 탐구	수학과제 탐구 방법을 익히고 자신의 관심과 흥미에 맞는 수학과제를 선정하여 탐구하는 과목. 수학과제 탐구의 목적과 절차, 연구 윤리를 학습하고, 이를 토대로 이전에 학습한 수학 내용을 더 깊이 탐구하거나 다른 교과와 수학을 융합한 흥미로운 주제를 선택하여 탐구하는 과목
인공지능 수학	4차 산업혁명의 핵심 분야 중 하나인 인공지능을 이해하고 활용하기 위한 과목. 인공지능과 관련된 수학적 지식과 함께 인공지능이 자료를 수학적으로 표현하고 분류하고 예측하며 최적화를 통해 합리적으로 의사결정 하는 과정에 대해 학습하는 과목

[영어]

과목	배우는 내용 및 특성
영어 회화	실생활이나 학업과 관련한 상황에서 자주 사용하는 영어 표현을 학습하고, 자신의 생각이나 의견을 적절하게 표현하는 영어 의사소통 능력을 기르는 과목
영어 I	실생활에 필요한 의사소통 능력을 향상하고 학습자의 진로 및 전공 분야와 관련한 실용적인 정보와 기초 학문 영역의 지식 및 정보를 다루는데 필요한 영어 의사소통 능력을 기르는 과목
영어 독해와 작문	실생활의 다양한 주제와 학업과 관련한 표현을 중심으로 학습자의 진로와 전공 분야에 따라 다양한 글을 이해하며 자신의 생각을 글로 표현하는 능력을 기르는 과목
영어 II	실생활의 다양한 상황에서 필요한 의사소통 능력을 향상하고 학습자들의 진로 및 전공 분야와 관련된 영어 이해 능력과 표현 능력을 기르는 과목
영어권 문화	글로벌 시대에 영어로 의사소통할 수 있는 능력을 기르고, 영어를 사용하는 다양한 문화적, 언어적 배경의 사람들과 의사소통을 위한 문화적 소양, 타인에 대한 배려, 세계 시민 의식을 기르는 과목
진로 영어	다양한 직업 및 진로에 관한 정보를 이해하고 다양한 적성, 흥미, 진로, 전공에 따라 미래 진로 탐색 및 설계의 기회를 제공하는 과목
영미 문학 읽기	영어로 된 문학 작품의 독서와 감상을 통하여 영어 이해 및 표현 능력을 심화하고 인문학적 상상력과 창의력을 바탕으로 한 영어 독서 능력을 향상하는 과목

[사회]

과목	배우는 내용 및 특성
한국지리	우리 국토에 대한 올바른 인식과 이해를 통해 국토의 소중함을 배우는 과목이며 우리나라의 지형과 기후, 도시, 인구분포 및 농업·공업·서비스업, 교통 등의 자료 분석을 통해 종합적인 사고력을 증진시키는 과목
세계지리	세계의 자연환경과 인간의 활동으로 형성된 문화, 종교, 산업 등의 인문환경을 바탕으로 각 지역의 현상과 사건들을 경험 중심적인 적절한 사례를 중심으로 학습하여 세계시민의 역할을 학습하는 과목
세계사	세계 여러 지역의 문화적 특징과 역사적 형성 과정을 비교의 관점에서 탐구하도록 하고, 지역 간의 교류와 갈등을 통해 형성된 인류의 다양한 경험을 심층적으로 이해하는 과목
동아시아사	한국, 중국, 일본을 중심으로 하여 몽골, 베트남 등을 포함한 동아시아 각국의 관계와 교류의 역사를 이해함으로써 동아시아가 당면한 역사 인식의 문제를 해결하고 공동 발전과 평화를 추구하는 안목과 자세를 기르는 과목

경제	경제적 사고력과 경제 문제 해결력을 기르고, 체계적인 경제 지식과 사고력 및 가치관을 토대로 개인적, 사회적 차원에서 합리적이며 책임 있게 경제적 역할을 수행할 수 있는 민주 시민의 자질 함양을 추구하는 과목
정치와 법	현대 민주·법치 국가의 공동체 구성원에게 요구되는 시민 의식, 정치적·법적 사고력, 가치 판단 및 문제 해결 능력을 함양하고, 정치와 법 생활에 능동적으로 참여하는 민주 시민을 양성하는 과목
사회·문화	사회문제를 객관적이고 과학적으로 분석한 후 논리적 사고와 실천적 사고방식과 생활양식에 기반한 대안으로 해결하여 민주 시민으로서 적극적으로 참여하는 능력을 기르기 위한 과목
생활과 윤리	현대 생활의 제 영역에서 발생하는 다양한 윤리 문제들을 주도적으로 탐구하고 성찰함으로써 인간과 사회를 윤리적인 관점에서 올바르게 이해하고, 윤리적 민감성 및 판단 능력을 함양할 수 있는 과목
윤리와 사상	한국 및 동서양의 윤리 사상과 사회사상을 통해 도덕적인 삶과 이상사회에 대한 여러 윤리적 관점들을 비교·이해하고, 윤리적 관점에서 자신의 삶과 우리 사회를 성찰해 볼 수 있는 과목
여행 지리	세계화와 지역화 시대를 맞이하여 우리 주변과 세계 여러 지역에서 나타나는 다양한 주제를 여행을 매개로 살펴보고, 관련된 자료 분석함으로써 자연환경 및 인문 환경을 바탕으로 사람들의 삶과 변화를 이해하는 과목
사회문제 탐구	사회문제 및 탐구과정에 대한 이해를 기초로 하여 학생들의 실생활에서 찾아볼 수 있는 다양한 사회문제 사례들에 이를 적용하고 사회문제 해결을 위한 방안을 탐구하는 과목
고전과 윤리	동서양 고전의 원문을 직접 읽고 그 의미를 탐구하는 과정을 통하여 자신에 대한 성찰, 타인과의 관계가 인간의 삶에 주는 의미에 대한 깨달음을 얻을 수 있도록 하는 과목

[과학]

과목	배우는 내용 및 특성
물리학Ⅰ	물리학의 기본 개념들을 이해하고 적용할 수 있도록 구성되었으며, 첨단 과학기술과 실생활 관련 주제를 중심으로 21세기를 살아가는 데 필요한 과학적 핵심역량을 함양하기 위한 과목
화학Ⅰ	자연 현상 또는 일상의 경험과 관련 있는 상황을 통해 화학 개념과 탐구 방법을 학습하고 현대 지식 기반 사회의 민주 시민으로서 화학에 대한 기초 소양을 함양하기 위한 과목

생명과학 I	사람의 몸을 중심으로 나타나는 생명 현상에 대한 이해를 통해, 생활 속에서 나타나는 다양한 의문점들을 창의적으로 해결할 수 있도록 생명과학의 기초 소양을 기르는 과목
지구과학 I	지구와 우주에 대해 탐구하여 지구의 소중함과 아름다움을 인식하고, 지구과학의 기본 개념을 이해하여 과학적 사고력과 창의적 문제 해결력 등 과학과 핵심 역량을 함양하는 과목
물리학 II	'물리학 I'에서 학습한 개념을 기초로 심화된 물리 개념과 다양한 탐구 방법을 적용하여 물리 현상과 관련된 기본적인 문제를 해결하는 능력을 기르기 위한 과목
화학 II	'화학 I'에서 다루는 개념을 기초로 심화된 화학 개념과 다양한 탐구 방법을 학습하고 현대 지식 기반 사회의 민주 시민으로서 화학에 대한 기초 전문 지식을 배우는 과목
생명과학 II	생명 현상의 핵심개념의 이해를 바탕으로 학문적 호기심과 흥미를 제고하고, 진로 선택 과목으로서 관련 전공으로 진학하는 데 필요한 기초 소양을 함양하는 과목
지구과학 II	지구와 우주에 대한 통합적 이해를 바탕으로 '지구과학I'에서 다룬 개념을 심화하고 정량적으로 접근하여 탐구 능력 및 창의성을 함양하는 과목
과학사	동서양 과학의 발달과정을 배우며 과학의 본성 및 사회적 특성을 이해하고, 과학의 본질과 과학적 사고 능력을 함양하기 위한 과목
생활과 과학	생활 속에서 과학적 원리가 삶의 질 향상에 어떻게 기여하는지를 이해하며, 과학적 원리를 실생활에 적용하여 합리적으로 선택하는 능력을 함양하기 위한 과목
융합과학	우리 주위의 물질세계에서 출발하여 자연 전체를 포괄적이고 체계적으로 이해하는 것을 목표로 하며, 미래 과학기술 사회의 구성원으로서 반드시 갖추어야 할 과학적 소양과 더불어 창의성과 인성을 함양하기 위한 과목

➡ 고교학점제란 무엇인가?

- 고교학점제란 학생이 자신의 진로에 따라 과목을 선택·이수하고, 누적 학점이 기준에 도달하면 졸업을 인정받는 제도를 말한다.
- 산업수요맞춤형고(마이스터고)는 2020학년도 입학생부터, 특성화고는 2022학년도 입학생부터 시행 중이다.
- 일반고는 2023학년도(현 중3)부터 단계적으로 시행되며, 2025년(현 중1) 전면 적용된다.

- 2023, 2024학년도 입학생(현 중2, 3)은 3개년 간 총 이수학점이 192학점(교과 174학점, 창의적체험활동 18학점)이다.
- 1학점은 50분 17회(16+1회) 수업량이다. 2025학년도 입학생(현 중1)부터는 1학점이 50분 16회이다.

[고교학점제 전면 적용을 위한 단계적 이행계획(일반고 기준)]

구분	단계적 이행		전면 적용
적용 대상	'22이전 고등학교 입학생 (현 고1, 2, 3)	'23~'24고등학교 입학생 (현 중2, 3)	'25이후 고등학교 입학생 (현 중1)
수업량 기준	단위	학점	학점
1학점 수업량	50분 17(16+1)회	50분 17(16+1)회	50분 16회*
총 이수학점 (이수 시간)	204단위 (204×17시간)	192학점 (192×17시간)	192학점 (192×16시간)
교과 창의적 체험활동(창체)	교과 180 창체 24	교과 174 창체 18	교과 174 창체 18

* 교과 수업 횟수는 감축되나, 현행 수업일수(190일 이상, 초중등교육법시행령 제45조)는 유지하여 학교가 교과 융합 수업, 이수 보충지도 등 다양한 프로그램을 자율적으로 운영할 수 있다.

출처 : 2025년 고교학점제 전면 적용을 위한 단계적 이행 계획(안)(2021.8.23., 교육부)

[고교학점제 도입 및 고교 교육 혁신에 따른 변화]

구분	과거 경향	고교 학점제
학생상	•타율적 관리의 대상 •학교에서 제시하는 교육과정을 이수하는 수동적 존재	•자율적 존재로서 본인의 진로 개척에 필요한 역량을 갖추어 가는 자기 주도적 학습자 •자율(과목 선택)과 그에 따른 책임(이수)을 통해 민주시민으로 성장
교사상	•교과 지식 전달자, 학생 관리자로서의 역할 중시 •대학입시 및 진학 지도 전문가	•모든 학생의 성장과 학습을 지원하는 조력자 •교수학습 전문가로서의 역할 확대

교육과정	• (운영 단위) 학년 및 학급 ※ 문·이과, 진로 집중과정에 근거한 학급 편성 및 학급을 기준으로 한 교육과정 운영	• (운영 단위) 과목을 선택한 학생 그룹 ※ 적성, 흥미 등에 따른 개인별 과목 선택에 의한 교육과정 운영
	• (편성 준거) 교원 수급 상황에 따라 교원이 가르칠 수 있는 과목 위주 편성(공급자 중심)	• (편성 준거) 학생의 진로와 적성, 흥미 중심 (수요자 중심)

출처 : 고교학점제 추진 방향 및 연구학교 운영 계획(안)(2017.11.27., 교육부)

➡ 고교학점제 평가 체제

현재 및 2023, 2024학년도 고등학교 입학생(현 중2, 3 대상)

• 모든 과목(단, 보통 교과 일반선택과목 중 교양 제외)은 성취도 평가를 하는데, 3단계(A-B-C) 과목과, 5단계(A-B-C-D-E) 과목이 있다

• 과목 중에는 석차등급 산출을 하는 과목이 있다. 석차등급은 상대평가로 1~9등급을 산출한다.

[석차등급 비율 및 누적 비율(%)]

등급	1	2	3	4	5	6	7	8	9
비율	4	7	12	17	20	17	12	7	4
누적 비율	4 이하	4 초과 ~11 이하	11 초과 ~23 이하	23 초과 ~40 이하	40 초과 ~60 이하	60 초과 ~77 이하	77 초과 ~89 이하	89 초과 ~96 이하	96 초과 ~100 이하

• 공통과목은 5단계 성취도와 석차등급을 산출한다. 단, 과학탐구실험은 3단계 평가이며 석차등급은 산출하지 않는다.

• 보통 교과 일반선택과목 중 기초, 탐구, 생활·교양 교과(군)(단, 교양은 제외)의 과목은 5단계 성취도와 석차등급을 산출한다.

- 일반선택과목 중 체육·예술 교과(군), 진로선택과목(전문교과Ⅰ·Ⅱ에서 진로선택과목으로 편성된 과목 포함)은 3단계 성취도 평가를 하며, 석차등급은 산출하지 않는다.
- 특목고 학생이 전문교과Ⅰ의 과목을 배우면 5단계 성취도와 석차등급을 산출한다. 단, 과학 융합과학 탐구, 과제 연구, 물리학 실험, 화학 실험, 생명과학 실험, 지구과학 실험, 사회탐구 방법, 사회과제 연구는 3단계 성취도 평가를 하며 석차등급은 산출하지 않는다.
- 특성화고(산업수요맞춤형고 포함) 학생이 전문교과Ⅱ 과목을 배우면 5단계 성취도를 산출하며, 석차등급은 산출하지 않는다.